知识就在得到

我能做产品经理吗

快刀青衣
唐沐
邱岳 口述

吕志超——编著

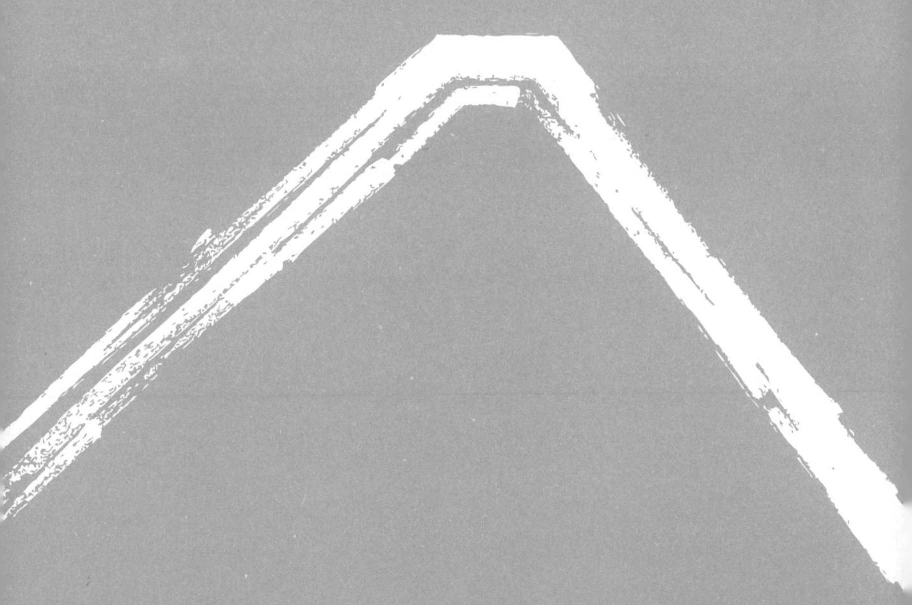

新星出版社 NEW STAR PRESS

总序

怎样选择一个适合自己的职业？这个问题困扰着一代又一代中国人——一个成长在今天的年轻人，站在职业选择的关口，他内心的迷茫并不比二十年前的年轻人少。

虽然各类信息垂手可得，但绝大部分人所能获取的靠谱参考，所能求助的有效人脉，所能想象的未来图景……都不足以支撑他们做出一个高质量的职业决策。很多人稀里糊涂选择了未来要从事大半辈子的职业，即使后来发现“不匹配”“不来电”，也浑浑噩噩许多年，蹉跎了大好年华。

我们策划这套“前途丛书”，就是希望能为解决这一问题做出一点努力，为当代年轻人的职业选择、职业规划提供一些指引。

如果你是一名大学生，一名职场新人，一名初、高中生家长，或者是想换条赛道的职场人，那么这套书就是专门为你而写的。

在策划这套书时，我们心中想的，是你正在面临的各种挑战，比如：

你是一名大学生：

· 你花了十几年甚至更久的时间成为一名好学生，毕业的前一年突然被告知：去找你的第一份工作吧——可怕的是，这件事从来没人教过你。你孤身一人站在有无数分岔路的路口，不知所措……

· 你询问身边人的建议，他们说，事业单位最稳定，没编制的工作别考虑；他们说，计算机行业最火热，赚钱多；他们说，当老师好，工作体面、有寒暑假；他们说，我们也不懂，你自己看着办……

· 你有一个感兴趣的职业，但对它的想象全部来自看过的影视剧，以及别人的只言片语。你看过这个职业的高光时刻，但你不确定，在层层滤镜之下，这个职业的真实面貌是什么，高光背后的代价又有哪些……

你是一名职场新人：

· 你选了一个自己喜欢的职业，但父母不理解，甚至不同意你的选择，你没把握说服他们……

· 入职第一天，你眼前的一切都是新的，陌生的公司、陌生的同事、陌生的工位，你既兴奋又紧张，一边想赶紧上手做点什么，一边又生怕自己出错。你有一肚子的问题，不知道问谁……

你是一名学生家长：

· 你只关注孩子的学业成绩，仿佛上个好大学就是终身归宿，但是关乎他终身成就的职业，你却很少考虑……

· 孩子突然对你说，“我将来想当一名心理咨询师”，你一时慌了神，此前对这个职业毫无了解，不知道该怎么办……

· 你深知职业选择是孩子一辈子的大事，很想帮帮他，但无奈自己视野有限、能力有限，不知从何处入手……

你是一名想换赛道的职场人：

· 你对现在的职业不太满意，可不知道该换到哪条赛道，也不清楚哪些职业有更多机会……

· 你年岁渐长，眼看着奔三奔四，身边的同学、朋友一个个事业有成，你担心如果现在换赛道，是不是一切要从头再来……

· 你下定决心要转行，但不确定自己究竟适不适合那个职业，现有的能力、资源、人脉能不能顺利迁移，每天都焦灼不已……

我们知道，你所有关于职业问题的焦虑，其实都来自一件事：**不知道做出选择以后，会发生什么。**

为了解决这个问题，“前途丛书”想到了一套具体而系统的解决方案：一本书聚焦一个职业，邀请这个职业的顶尖高手，从入门到进阶，从新手到高手，手把手带你把主要的职业逐个预演一遍。

通过这种“预演”，你会看到各个职业的高光时刻以及真实面貌，判断自己对哪个职业真正感兴趣、有热情；你会看到各个职业不为人知的辛苦，先评估自己的“承受指数”，再确定要不要选；你会了解哪些职业更容易被 AI 替代，哪些职业则几乎不存在这样的可能；你会掌握来自一线的专业信息，方便拿一本书说服自己的父母，或者劝自己的孩子好好考虑；你会收到来自高手的真诚建议，有他们指路，你就知道该朝哪些方向努力。

总之，读完这套“前途丛书”，你对职业选择、职业规划的不安全感、不确定感会大大降低。

“前途丛书”的书名，《我能做律师吗》《我能做心理咨询师吗》……其实是你心里的一个个疑问。等你读完这套书，我们希望你能找到自己的答案。

除了有职业选择、职业规划需求的人，如果你对各个职业充满好奇，这套书也非常适合你。

通过这套书，你可以更了解身边的人，如果你的客户来自各行各业，这套书可以帮助你快速进入他们的话语体系，让客户觉得你既懂行又用心。如果你想寻求更多创新、跨界的机会，这套书也将为你提供参考。比如你专注于人工智能领域，了解了医生这个职业，就更有可能在医学人工智能领域做出成绩。

你可能会问：把各个职业预演一遍，需不需要花很长时间？

答案是：不需要。

就像到北京旅游，你可以花几周时间游玩，也可以只花一天时间，走遍所有核心景点——只要你找到一条又快又好的精品路线即可。

“前途丛书”为你提供的，就是类似这样的精品路线——**只需三小时，预演一个职业。**

对每个职业的介绍，我们基本都分成了六章。

第一章：行业地图。带你俯瞰这个职业有什么特点，从业人员有什么特质，薪酬待遇怎么样，潜在风险有哪些，职业前景如何，等等。

第二至四章：新手上路、进阶通道、高手修养。带你预演完整的职业进阶之路。在一个职业里，每往上走一段，你的境界会不同，遇到的挑战也不同。

第五章：行业大神。带你领略行业顶端的风景，看看这个职业干得最好的那些人是什么样的。

第六章：行业清单。带你了解这个职业的前世今生、圈内术语和黑话、头部机构，以及推荐资料。

这条精品路线有什么特色呢？

首先，高手坐镇。这套书的内容来自各行各业的高手。他们不仅是过来人，而且是过来人里的顶尖选手。通常来说，我们要在自己身边找齐这样的人是很难的。得到图书依托得到App平台和背后几千万的用户，发挥善于连接的优势，找到了他们，让他们直接来带你预演。我们预想的效果是，走完这条路线，你就能获得向这个行业的顶尖高手请教一个下午可能达成的认知水平。

其次，一线智慧。在编辑方式上，我们不是找行业高手约稿，然后等上几年再来出书，而是编辑部约采访，行业高手提供认知，由我们的同事自己来写作。原因很简单：过去，写一个行业的书，它的水平是被这个行业里愿意写书的人的水平约束着的。你懂的，真正的行业高手，未必有时间、有能力、有意愿写作。既然如此，我们把写作的活儿包下来，而行业高手只需要负责坦诚交流就可以了。我们运用得到公司这些年形成的知识萃取手艺，通过采访，把各位高手摸爬滚打多年积累的一线经验、智慧、心法都挖掘出来，原原本本写进了这套书里。

最后，导游相伴。在预演路上，除了行业高手引领外，我们还派了一名导游来陪伴你。在书中，你会看到很多篇短小精悍的文章，文章之间穿插着的彩色字，是编著者，也就是你的导游，专门加入的文字——在你觉得疑惑的地方为你指路，在你略感疲惫的地方提醒你休息，在你可能错失重点的地方提示你注意……总之，我们会和行业高手一起陪着你，完成这一场场职业预演。

我们常常说，选择比努力还要重要。尤其在择业这件事情上，一个选择，将直接影响你或你的孩子成年后 20% ～ 60% 时间里的生命质量。

这样的关键决策，是不是值得你更认真地对待、更审慎地评估？如果你的答案是肯定的，那就来读这套“前途丛书”吧。

丛书总策划　白丽丽

2023 年 2 月 10 日于北京

目录 CONTENTS

CONTENTS 目录

02 新手上路

入行准备

前期调研

产品设计

目录 CONTENTS

目录 CONTENTS

05 行业大神

06 行业清单

序言

广义上来说，从整体上负责一个产品（比如饮料、家具、服装、电子产品）的人都可以被称为“产品经理”，不过我们常用的是它的狭义含义：互联网产品经理。

互联网产品经理这个职业在21世纪初随着移动互联网的蓬勃发展而出现，从业者中的佼佼者对人类社会产生了巨大影响。比如，乔布斯被称为“最伟大的产品经理”，他改变了手机的形态，推动人类向全面智能的时代前进了一大步；微信的创始人张小龙被人称为“中国最好的产品经理”，他做出的产品微信改变了中国人日常交流的方式；特斯拉汽车的老板马斯克、小米集团的董事长雷军、百度前产品副总裁俞军等，也都是著名的产品经理，他们的努力成就了我们如今的生活样态。

以上说的都是一些著名的优秀产品经理，要想向他们看齐，你需要从初级的产品经理做起。那么，我们应该怎么理解产品经理的具体工作呢？

业内把互联网产品经理分为 B 端产品经理和 C 端产品经理。所谓 B 端产品，是指主要服务企业和机构的产品，比如 OA（办公自动化）系统、CRM（客户关系管理）系统等；而 C 端产品是指主要服务个人的产品，比如 QQ、微信等。本书中提到的产品经理以 C 端互联网产品经理为主。

就 C 端而言，可以这么说，产品经理是互联网产品（比如手机应用、智能硬件产品）的第一负责人。他们需要挖掘用户需求，设计产品功能，做出产品方案，并协调开发、测试、平面设计、运营等各个部门落实产品方案，实现产品的升级迭代。你所使用的互联网产品的每一次版本更新、功能改进，都是产品经理最新思考的结果。

正因为要对产品全面负责，而这跟企业老板的职责非常像，所以，产品经理也被称为“离 CEO（首席执行官）最近的职业”。从事产品经理的人往往以乔布斯、马斯克为偶像，乔布斯那句经典的话在某种程度上说明了这个职业能够带给人们的成就感：“你想一辈子卖糖水，还是想得到一个改变世界的机会？”

乔布斯、马斯克已经成为公司 CEO，能够领导公司内的所有团队为自己工作，除了这些出色的产品经理之外，普通的产品经理在企业中似乎并不是一个振臂一呼而应者云集的角色。产品经理没有自己的团队，和工程师、平面设计、运营等职位的人完全是平级，不能自上而下地对这些团队发号施令，要推进工作，只能拿出靠谱的产品方案，有技巧地与他们沟通协作。

在大众面前，产品经理也不是一个容易受到追捧的角色，虽然乔布斯在苹果产品发布会上的待遇不亚于当红的影视明星，但大多数产品经理面临的更多是用户的吐槽和抱怨，一旦某个功能不好用，网上便经常会看到“产品经理出来挨打”这种留言。

为了向你介绍产品经理这个职业，作为本书的编写者，我采访了三位杰出的产品经理：

快刀青衣是得到 App 的联合创始人、产品负责人，作为中国第一代产品经理，他见证了产品经理这一职业在中国的发展史。在本书中，他会为你指出产品经理容易犯的一些错误，也会为你介绍很多有效的工作方法。

在采访之前，我非常好奇快刀青衣为什么会在产品经理这个职业并未普及的时候，就放弃了自己在搜狐内容部门的高级职位，自愿降低 6 个职级、降低薪资，去做一名产品助理。快刀青衣说，那是因为他在 2008 年北京奥运会时感受到了数据系统即时反馈的魅力，认为这肯定会改变之后的业务形态。

当时，他亲眼看见比赛刚刚结束，所有的赛事信息，包括哪个国家的运动员取得了金牌，他的成绩是多少，是否打破了世界纪录等，在零点几秒的时间内就传到了全球各地的新闻媒体手中，大众几乎是在比赛结束的那一刻就同步知道了结果。这种信息传播的即时性和准确性，对于一个凡事追求精确结果的“理工男”非常有吸引力。快刀青衣因此下定了转行的决心。

唐沐曾在腾讯、小米任职，如今自己创业（这也是很多优秀的产品经理发展到一定阶段的典型选择），是一家智能硬件公司的 CEO。他曾担任腾讯用户体验设计中心（CDC）总经理，在用户体验方面有着独特的见解，在本书中，他关于用户体验的叙述尤其值得你关注。

作为一名产品经理，唐沐在很多领域都表现出了过人的能力。他大学学的是会计专业，又对设计感兴趣。他是 QQ 初代表情的设计师，创业后推出的 9 款产品一举获得 2021 年 IDEA 美国国际工业设计奖 9 项大奖。该奖项是世界四大工业设计奖之一，三星、苹果、特斯拉、小米都曾是其获得者。

在互联网刚刚起步的年代，他就在腾讯创建了用户体验设计中心，负责 QQ、QQ 音乐等亿级用户互联网产品的用户体验。

他在智能家居刚刚兴起的时候就加入小米，带领团队做出小米路由器，把路由器的安装步骤从十几步缩短到了仅仅三步，让非技术人员也能顺利安装使用；后来推出小爱音箱，销量达数千万，月活用户过亿；如今创办的如影智能则被称为智能家居领域的一匹黑马。

与唐沐的访谈顺利而舒服。他直率而坦诚，对自己踩过的坑也毫不掩饰。具体的内容你都可以在这本书中看到。

本书的第三位受访者是邱岳，人称“二爷”。他曾在阿里巴巴工作，也曾是医学生必备软件、医疗健康类 App（应用程序）丁香园的产品总监，如今创办了无码科技，和唐沐一样，也是一名创业者。

二爷最著名的一句话是：在产品经理的领域没有对错，只有选择的不同。这使得他很少在互联网上输出自己的观点。二爷如今定居杭州，由于疫情原因我没能当面采访，访谈通过视频会议进行。在本书中，二爷会首次谈及他在互联网大厂工作的心法。

这三位产品经理高手都是从基层一步一步干上来的，对于产品经理成长过程中的问题都十分了解。在本书中，你既能看到他们提供的切实有效的工作方法，又能看到他们对这个职业高屋建瓴的认知。

对于大学生和初、高中生家长来说，本书能够帮你了解产品经理是做什么的，帮你判断你或你的孩子适不适合这个职业；对于新手产品经理来说，本书能够帮助你向亲戚朋友解释清楚你的工作究竟是什么，帮你看清未来成长的方向；对于想要转行成为产品经理的人来说，本书会告诉你产品经理的常规工作是什么，为你的转型之路提供帮助；对于并不从事这一行，但对产品经理感兴趣的人来说，你可以借助书里的方法，把你的个人品牌打造得更加完善。

下面就让我们开始产品经理的职业预演之旅吧，希望本书会给你启发。

吕志超

CHAPTER I

第一章 行业地图

产品经理到底是干什么的？

从外行视角来看，有的人认为，称得上“经理”的，肯定是个中高层职位；有的人认为，一毕业就当“经理”，肯定不是什么正经职位——只有做传销的才能一毕业就当经理；还有的人认为，产品经理就是互联网企业里一群写代码的人。

这些都是对产品经理的误解。产品经理目前还是一个比较年轻的职业。对于很多人来说，这一职业依然陌生。

为了帮你形成对产品经理这一职业的正确理解，在职业预演之前，我们先来看看“行业地图”。在这一部分，我们会为你介绍这一职业在社会中的重要作用、在团队中的角色、未来的发展方向；也会解答一些你可能关心的问题，比如这个职业的实际薪资如何、是否存在35岁危机、从业者需要具备什么样的素质等。相信读完这一部分，你对产品经理职业会有一个整体的认知，对自己要不要做产品经理也会有一个初步的判断。

为什么这个世界需要产品经理

· 邱岳

从20世纪20年代美国宝洁公司出现世界上第一位产品经理到今天，产品经理的历史不过百年，可以说是一个比较年轻的职业。近些年来，社会上出现了很多“唱衰”产品经理的声音。激进者甚至认为，一个企业根本不需要产品经理。想知道这种观点对不对，我们先看看为什么会出现产品经理这个职业。

虽然现在的产品经理大多存在于互联网企业中，但其实在互联网诞生之前，产品经理这一职业就已经出现了。20世纪20年代，宝洁公司在市场上推出了佳美牌香皂。这种香皂的质量很好，但销量一直上不去。

经过一系列调查分析，宝洁公司发现，销量不佳的原因是宝洁公司之前有一款经典的象牙牌香皂。象牙牌香皂从1879年推出之后深受消费者喜爱，而佳美牌香皂在销售策略、市场营销手段等诸多方面都像是象牙牌香皂的翻版。比起人们已经习惯使用的象牙牌香皂，佳美牌香皂没有半点优势。

为了打破僵局，宝洁公司安排了一个名叫麦古利的人专门负责佳美牌香皂的品牌设计、营销策略等，并安排了专门的研发人员、销售人员给予支持。这一策略获得了极大的成功，就这样，麦古利成了世界上第一位产品经理，负责通盘考虑产品，打造产品的个性，找到产品的独特销路。

产品经理这种通盘思考的模式有助于公司快速、准确地抓住机遇，生产消费者需要的产品，甚至可以改变原有的商品制造、销售模式，为企业创造价值。

比如说，一家公司调研了市面上与美容、美体有关的产品后发现，健美裤的市场还没有饱和，可以继续拓展，但是并不知道健美裤要做成什么样的才能广受欢迎。传统的制造模式是从生产开始，选材料、设计版型，这些都做完了之后，销售员再根据已有的产品进行销售，每个部门的人各司其职。如果销售数据不好，很容易引起销售部门和生产部门互相埋怨——生产部门认为这个产品足够优秀，只是销售部门没卖出去；销售认为他们已经用尽全力，但这个产品设计得有问题，不符合市场需求。

有了产品经理之后，就能避免这个问题。比如产品经理会注意到，直播带货是一个能快速获益的销售渠道，就打算将来通过直播卖货。虽然这时产品经理还完全不知道这个健美裤是什么样的，但从直播带货的要求进行反推，一个产品要想在直播间里赢得观众，一定要有视觉卖点。比如说，健美裤的弹力要大，可以在直播间让一个200斤的人去穿，穿上去还能伸缩自如。又比如说，以色列有一种布料在温度升高的时候能够变色，这也是一个非常好的视觉卖点，用户运动时，看着健美裤颜色，就知道自己运动的强度有多大。这些视觉卖点都具备了，用户在直播间里就容易下单。

这就是产品经理的价值。如果没有产品经理的通盘考虑，那么生产部门选择材料时，就会受自己过去工作经验的局限，只考虑材料的透气性、吸水性等，绝不会想到用这样一种可以变色的材料，这个受人欢迎的产品根本不会被做出来。但有了产品经理，前后端就可以有机地结合起来，提高一个产品成功的概率。

一个好的产品经理能够敏锐地洞察市场空间，理解用户的需求，并根据市场和用户的需求设计产品、监督产品生产，最后将产品推向市场。

在如今的互联网企业中，产品经理是一个不可或缺的岗位。对于To B（面向企业用户）的互联网企业来说，随着时代的发展，客户的需求越来越多、越来越复杂，公司里需要有一个专门的人去梳理这些需求，然后去挖掘什么是客户最核心的需求。而进入 21 世纪之后，很多 To C（面向个人用户）的互联网企业崛起，这是一个全新的领域，没有人告诉这些企业产品要做成什么样用户才会买账。这就决定了**企业里需要有一个人非常了解用户心理，知道产品做成什么样才会受用户欢迎，并根据市场和用户的需求去定义产品、设计产品，然后协调各个部门一起努力，最终把产品打造出来。**

2010 年，还在阿里巴巴就职的苏杰出版了一本书，《人人都是产品经理》。作为中国第一代产品经理，他也是把这个职业介绍给中国读者的第一批人。而《人人都是产品经理》也慢慢从一本书变成了一套书，成为产品经理的启蒙经典。然而，这本书也让大众对产品经理产生了不少误解。唐沐老师认为，苏杰说的“人人都是产品经理”，并不意味着人人都可以成为产品经理。

怎样理解“人人都是产品经理”

· 唐沐

《人人都是产品经理》这本书在市场上引起了很大反响，不少人认为产品经理是一个非常基础的岗位，没有什么门槛，任何一个人都可以做。如果抱着这样的态度去做产品经理，你会发现现实和你的想象天差地别。

产品经理在任何一家公司都是十分重要的职位，它有一个丰满的能力模型。一个产品经理的能力不仅决定着一个产品的成败，甚至会影响一家公司的兴衰。

那么，产品经理的真实工作是怎样的呢？

通俗一点来说，产品经理是一个产品的“总负责人”，负责一个产品从 0 到 1 的整个过程。产品经理要在产品诞生之前就有严密的思考：要不要做这个产品？要做一个什么样的产品？产品要解决什么问题？这个产品有什么差异化亮点？这个产品的商业模式是什么……想清这些，并与决策者达成共识后，产品经理还要协调设计、开发、测试等各个部门，一起把自己定义的产品做出来，并和市场、营销部门一起推动产品走向市场、实现盈利。

可以看出，产品经理需要承担的责任重，试错成本高。产品经理的任何一个错误决定，都会造成大量的人力、物力、金钱成本损失，甚至可能会让整个公司迅速垮掉。

比如我当时在小米公司，刚刚完成第一款小米路由器的试产，看试产样机的时候，我发现路由器背后那一排接口没有对齐，当时心一沉，坏了。因为我是设计出身，觉得接口对齐是一个常识，不需要格外说明，所以就没把这一点单独拎出来强调，没想到硬件结构工程师竟然忽略了。这虽然不是质量问题，但设计出身的人多少都有点强迫症。我就联系硬件负责人，说这个问题必须改。结果硬件负责人反问我："你确定一定要改吗？如果要改的话，路由器内部硬件的全部排列都要改，我可能还需要定制一个特别的元器件，而且现在产线试产已经做完了，几百个工人在产线上等着，你确定要改吗？"

最后算下来，如果我坚持要改，不仅公司要付出高额的返工成本，还会让每个用户多花两块钱。综合考虑，最后没改，但是接口没对齐，一直是我内心的一个遗憾，永远留在了那个产品上，虽然未必有多少用户会留意。

所以你看，产品经理任何一个细微的决定，都会导向难以改变的结果。

既然产品经理要承担的责任这么大，怎么可能“人人都是产品经理”？**实际上，《人人都是产品经理》这本书要表达的，并不是所有人都可以从事产品经理这个职业，而是人人都可以有产品思维。“只要你能够发现问题并描述清楚，转化为一个需求，进而转化为一个任务，争取到支持，发动起一批人，将这个任务完成，并持续不断以主人翁的心态去跟踪、维护这个产物，那么，你就是产品经理。”**[1]

但是，有产品思维不代表你可以成为产品经理。我不太赞成应届生去做产品经理。因为应届生初出茅庐，没有太多人生阅历，也没有研发、测试、营销、市场判断等方面的实战经验，把一个产品的生死交到他手里，简直如“盲人骑瞎马，夜半临深池”一样危险。当然，很多公司现在也招应届生做产品经理，但提供的其实是产品助理的工作。新人只有通过一步一步的积累，先做好产品助理，然后负责产品某一个板块的工作，不断提高自己，最后才有可能成为真正的产品经理。

---

1. 苏杰：《人人都是产品经理（入行版）》，电子工业出版社 2021 年版。

产品经理在团队中的角色是什么

· 唐沐

由于名字里带有“经理”二字，产品经理这个职位经常给人一种误解——这是一个领导岗位，拥有和管理着自己的几十人团队。但实际上，产品经理往往并没有自己的团队，而是靠与其他团队之间的配合来共同完成工作任务。

在工作中，产品经理的角色更像是乐队里的指挥。乐队指挥需要对各个乐器都懂一些，但不需要是一个一流的钢琴家、小提琴家、铜管演奏家或长笛演奏家。不过，他对乐队演奏的曲子不仅要烂熟于胸，还要有自己的理解。他知道怎样指挥乐手才能够让大家配合好，甚至产生一些“化学反应”，呈现出最完美的演奏。产品经理也是这样，他对 UI（界面设计）、交互设计、开发、测试、运营都要懂一些，但这并不意味着他要下场去具体从事这些工作，他要做的是协调各个部门，保证产品的顺利生产。

那么，产品经理对这些工作要了解到什么程度呢？我认

为，起码你要知道每个工种的能力范围在哪里。

一方面，产品经理的工作之一是给各个部门提需求，如果不清楚大家的能力范围，你就容易提出一些不切实际的需求，让别人觉得你不专业。

有段时间网上热议这样一条新闻：某公司的产品经理要求程序员做一个手机系统功能，能根据用户手机壳的颜色来改变系统壁纸的颜色。开发人员对这个需求非常绝望，跟产品经理大打出手。

这就属于产品经理不了解程序员的能力范围。如果产品经理足够厉害，甚至对硬件技术也有认知，那这一架完全可以避免。要实现这个功能，手机首先要识别手机壳是什么颜色的。唯一的方式是让手机和手机壳之间有通信连接，比如在手机壳上内置一个 NFC 芯片，写入颜色信息，之后通过手机的 NFC 读写装置读取颜色信息，传递给手机系统，这样才能实现壁纸颜色的调整。这个问题不是程序员写写代码就能解决的。产品经理不了解技术，所以给程序员提出的需求就难以实现。

另一方面，产品经理如果不知道其他工种的能力范围，有时会被其他工种忽悠。比如，刚担任产品经理时，我曾经给前端研发工程师提出过一个要求，让他实现一个界面效果，结果他找了一堆理由来搪塞我，说做不了。但是我明明看到当时另一个软件已经做出了那个界面效果，于是就查了一些资料，跟他据理力争。当他发现我略懂他的业务时，他就没有办法简单地拒绝了。

如果条件允许的话，产品经理最好能够掌握一些具体技能，以便在某个岗位缺失的时候及时补位。

我在腾讯的时候，国内还没有专业的交互设计师。交互设计师负责的是用户和产品之间的交互，包括产品界面的可用性、操作流程的易用性，他要琢磨用户是通过鼠标、手指还是手写笔与软件交流；用户点击一个按钮之后，会获得什么反馈；要完成一个操作，用户最短的操作路径是什么……当时这些工作都是我来做，实际上我就是在补交互设计师的位。现在在一些刚起步的公司，产品经理经常需要补界面设计师、交互设计师、项目经理，甚至测试工程师的位，但在一个成熟、完善的产品研发流程里，产品经理这个角色一定是独立的。

具备什么特质的人适合成为产品经理

关键：能否成为优秀的产品经理，首先要看你是否有好奇心

· 快刀青衣

一个人适不适合做产品经理，我认为，最重要的是看他对生活有没有好奇心，以及对于身边的事是否敏感。有好奇心又比较敏感的人，会关注到生活中的每一个细节，而这些细节可能就是做产品的灵感和依据。

比如，高铁管家 App 曾经上线过一个功能。我们买高铁票经常遇到无座的情况，比如说我要坐 10 站，可能前 5 站是有座的，后面 5 站就没座了。人们以前解决这个问题的办法是，先买前 5 站的票，上车后再补后 5 站的票，希望能补到有座的票——但经常补不上。而这个新功能会帮你计算出前面 5 站 6C 这个座位是空的，后面 5 站 7A 这个座位是空的，那么它会自动帮你买这两个座的票，你坐 5 站之后换一个座位就可以了。

我相信做这个功能的产品经理一定十分敏感，才能注意到人们买火车票时遇到的这个问题，而且一定也很有好奇心，愿意去探究怎么解决这个问题。他非常清楚，用户的需求就是坐车能一直有座位。

那么不好的产品经理是什么样的呢？我之前在某个售票平台买火车票，因为带着孩子出去，所以就买了两张成人票、两张儿童票，也就是半价票。结果上车之后一看，成人票在车头，儿童票在车尾。我当然不可能把两个孩子扔在车尾，最后只能浪费了两张票，大人和孩子挤在一起。这个软件的产品经理就非常不敏感，没有意识到会有这样的问题，在生活中对别人的生活也不好奇，没有去观察过有孩子的人出行时到底有哪些需求。很多“反人类”的产品就是这么做出来的。

为什么很多优秀的产品经理特别爱看书、特别喜欢了解不同的产品？因为**看书、看不同的产品，是把自己代入他人世界的一种方式。**它会让你知道，原来在我接触的范围之外，世界上还有这么多角色，这么多有意思的人，他们竟然是这样生活的。这样，在做产品的时候，你才会去考虑各种各样的角色和场景。所以有好奇心、对生活敏感，是产品经理必备的特质。

除了有强烈的好奇心，好的产品经理还要有其他的特质。

有一个段子说，某产品经理想要打车出门，但等了半个多小时才打到一辆车——不是因为出租车太少，他在路边等车的这段时间里，至少有15辆出租车在他面前经过，但是他根本不心动，究竟是为什么呢？这位产品经理的答案是：因为这些车顶部的TAXI标志牌没有摆正，界面太不友好了！

关于产品经理一般都有“强迫症”这一点，唐沐老师也非常赞同。他还提到了产品经理的其他特质，接下来让我们看看他是怎么说的。

特点：想成为优秀的产品经理，你最好还要有这些特质

· 唐沐

产品经理需要具备的一个特质就是追求完美，有“强迫症”的人做产品经理有先天的优势。好的产品经理会逼迫自己把每件事情都做到极致，因为一旦他在任何一个细节上出现失误，都会对产品造成一定程度的损伤，到了用户手里就会被无限放大。不管腾讯的马化腾，还是小米的雷军，都是“重度强迫症患者”。

有个小细节，雷总早年还抽烟的时候，有时开会我也会蹭一根，每次他都会先把烟头在烟灰缸里摁灭，然后盯着我把烟抽完，等我小心翼翼地把烟头放到烟灰缸里，他就会拿一张纸巾，把桌面上哪怕一丁点的烟灰都抹掉，包括我面前的也要抹掉，然后把纸巾扔到垃圾桶里。这就是一种对于整洁环境的“强迫症”，我甚至觉得如果不完成这一步，他就没有办法集中全部精力开会。而雷总关于产品细节的强迫症案例，那简直更加数不胜数。

我的强迫症也不轻。比如说第二天要演讲，前一天晚上十点我要写一篇演讲稿，我会先花一个多小时把整个文档的版式全部做好，如果字体、字号、颜色、行间距这些没有按照我觉得美的方式呈现的话，我就没有办法在那个文档上工作。又比如我去健身时，教练让我做平板支撑，会在地上铺一个垫子，如果垫子的边和地板上瓷砖的边不平行的话，我就一定要先调平行，然后才能继续锻炼。

此外，优秀的产品经理身上还会有其他一些比较明显的特质。如果把世界上的人分成两种：讨好型人格和被讨好型人格，那么我可以说，产品经理大概率属于第一种。

比如你在路上走，看到路边有一个花店，摆满了香气四溢的鲜花，你觉得这些花不错，想要进去消费一下，并且在这种消费中感受到极大愉悦，这个过程就是一个被别人取悦的过程。在产品生产的过程中，用户是那个等待被取悦的人，而产品经理则是那个热衷于花时间去挑选更美丽的花、把花摆得更吸引人、让客人在花店里觉得舒服的人。他的快感来源于客人在购买这些花时对他的认可。好的产品经理没有一个不是竭尽心思去为用户着想的。如果产品经理不能从这个过程中感受到快乐，那么他在工作中就很难找到成就感，他做出的产品也很难在当今的竞争形势下生存。

从我自身的经历来讲，我小时候，我父亲的工作是电影放映员，所以我从小在电影院长大。电影院的幕布有十几米高，观众在幕布前，我在幕布后。隔着幕布，我能看到观众跟随电影情节一会儿笑、一会儿哭。当时电影还是个新鲜的东西，我特别崇拜忙碌在放映室的父亲，总觉得能带给人们喜怒哀乐的人自带光环。有时候我会站在幕布后最中间的位置，然后产生一种幻觉，仿佛是我让观众变得高兴和喜悦的。这可能是我毕业后不断跨界，兜兜转转走上产品经理岗位的源动力。

还有一点对判断你适不适合做产品经理也十分关键，那就是看你是否有一双"发现丑的眼睛"。比如说我现在看到一个地毯，或者一个书架，我的脑子里会有一百个想要修改它的念头。我可能会觉得这个地毯的花纹不对，这个书架的形状不好，等等。我会想如果我来做，我肯定能做出一个更好的产品。但如果你是一个大大咧咧的人，你每天看着这个世界觉得哪儿哪儿都好，这个也很棒，那个也很漂亮，世界太美好了，那你可能不适合做产品经理，因为你已经被现有的东西取悦了，根本不会有动力去做一个新的、更好的东西。说得再大一点，做产品经理要有改变世界的愿望。这也要求你不是一个墨守成规的人。

我大学学的是国际会计专业，初级会计、中级会计、高级会计、国际会计四本法典不可逾越，按部就班，循规蹈矩，创造性思维是不能有的，你的任何别出心裁、不守陈规的新思路，都有可能把你直接送到监狱里面去。但产品经理不一样，需要你有创造性，需要你不拘一格。

以上就是在我心目中好的产品经理要具备的几个特质，供你参考。

产品经理存在 35 岁危机吗

时间：产品经理到 30 岁时应该突破职业瓶颈

· 快刀青衣

这些年我们看到了一种现象，很多互联网公司把招聘年龄限制在了 35 岁以下，一些超过 35 岁的员工会被公司“优化”掉。那么，对于产品经理这个职业来说，也存在着 35 岁危机吗？

我认为，35 岁对于产品经理来说，是一个坎，如果你 25 岁大学毕业就开始做产品经理的话，这个坎甚至应该提前到 30 岁。理想的情况是，到了这个年纪，你应该能够突破职业瓶颈，有能证明自己能力的产品。

产品经理其实并没有一个标准化的职业晋升阶梯。它跟程序员这种专业化的职位不同。程序员可以深入地把一个领域研究透，写了十年 Java[1] 的就是比写了两年的有优势，你研

1. 一种计算机编程语言。

究的时间越长，对专业的了解就越深入，然后你可以再去拓宽知识的宽度。产品经理这个职业则从一开始就要求你有知识的宽度。一般来说，最开始的三到五年要牢牢掌握这个职业的基本技能，但是产品经理的基本技能非常多、非常复杂。比如，产品经理需要具备用户分析能力、竞争产品分析能力、文档写作能力、原型设计能力、思维导图模型设计能力，也需要熟悉一些工具，如石墨文档、在线流程图创建工具ProcessOn、产品原型设计工具Axure、移动产品原型设计工具墨刀，还需要对产品研发、运营、行业知识、商业动态有一定的了解，所以要想向上突破是有一定难度的。

在实际工作中，很多产品经理在公司里只满足于做一颗螺丝钉，工作了很久也只会一些基本的东西，工作技能比较单一。他们仅仅把眼光放在完成任务上，而没有站到更高的层次上去跟人、跟业务、跟行业打交道。如果又拿不出证明自己能力的核心产品，他们的职业生涯一定不会特别好。

此外，对于产品经理来说还有一个特别现实的问题，即使你在公司里的影响力足够大，也能够在更高的层次上去考虑整个产品，在某个产品上线的过程中也做了足够多的工作，但是由于种种原因，这个产品失败了，或者在最终上线的前一夜被领导按下了，最后没有上线，那么对于外界的人来说，你前面的所有工作都是徒劳的。程序员做的某个产品或某个功能最终没有上线，只要他拿出自己写的代码，就可以证明他的水平。但是产品经理不行，只要你做的东西最后没有上线，那你说什么都没有用。没有人在乎你在这个产品前期的筹备工作中有多么卖力，只有产品获得最后的成功，别人才觉得你做出了成绩。

我有一个朋友最近就碰到了这种情况，他正好35岁，是一家互联网大厂非常资深的产品经理，身处一个非常知名的团队。有一天他突然跳槽了，我问他为什么。他说："我一年做了六个项目，最后没有一个上线，这给我和我的团队都带来了很深的挫败感，所以我决定换个环境。"产品经理这个职业就是这样。他这一年虽然非常累，但是等到他去新公司面试的时候，面试官打开手机，问他哪个App的哪个功能是他做的，他没办法回答，没有这个最终的成果，他就没办法向其他人证明自己。

如果你在从业五年之内发展得比较好，各方面的技能掌握得都比较好，也做出了一定的成绩，跨过了35岁的这个坎，那么你的发展道路会十分宽广。你可以在公司里继续晋升，既可以继续钻研业务，也可以把运营、推广这些都负责起来，还有一些产品经理在行业内做出了一定名气，可能会有人挖他去一起创业。因为在某一家公司里，一个产品经理的很多想法其实是无法施展的，这就会产生"能力溢出"的情况。“能力溢出”后，创业就是一个可以考虑的选项，特别是看到某某产品经理自己创业，过了几年公司上市了，身价千万，实现了财富自由，有的产品经理就会选择走这条路。如果你前期打好了基础，那么过了 35 岁，你在职业生涯中可能会比其他职业拥有更多的选择。

发展：35 岁以上的产品经理都去哪儿了

· 邱岳

35 岁以上的产品经理都去哪儿了？这是一个尚未被时代回答的问题。因为互联网行业的历史并不像其他行业那么长，2010 年左右，它才变成一个被大家广泛接受，并且有能力去吸引社会高精尖人才的行业，到现在也才十几年。而产品经理这个职业，在中国也才发展了不过十年左右，还没有产生大批量 35 岁以上的产品经理。我们现在知道一个上了年纪的老师会怎样、医生会怎样、律师会怎样，但是我们确实没见过一个上了年纪的产品经理会怎样。所以这个困惑并不是某一个人能够回答的，还是要交给这个行业、这个时代去回答。

当初足球职业化刚刚兴起的时候，踢球的人年纪大了，发现体力不济、踢不动球了，他们可以去哪儿？大家都不知道。但等这个行业再发展二十年，就有大量的 30 岁、40 岁的球员，他们各有各的选择，有的成为足球教练，有的成为足球评论员，还有的去学校里做足球教育……也就是说，随着这些人的成熟和衰老，足球这个行业变得更大了，也有更多的空间可以去容纳这些人。

互联网行业现在面临各种各样的重大变革，或许以后从业者年纪大一些、经验丰富一些也未必是坏事。现在我们认为，产品经理到了 35 岁没有负责一条产品线、没有领导一个团队，就会被年轻人代替，但是随着行业的发展和产品经理队伍的壮大成熟，产品经理应该会有更大的发展空间。

产品经理的实际薪资是怎样的

· 邱岳

在很多人眼里，互联网行业是朝阳行业，工作环境高端大气上档次，同事们都是精英，待遇也好。产品经理又是互联网行业中的一个重要职位，所以薪资肯定不少。那么，产品经理的薪资到底处于一个什么水平呢？

根据职业搜索引擎职友集基于213050份样本的调查结果来看，截止到2022年12月26日，产品经理的薪酬区间是4.5K～50K/月，全国范围内平均薪资为22.3K/月，20K～30K/月的人占35.9%，30K～50K/月的人占28.8%，薪资少于10K/月的人占比不到10%，可见大家的薪资普遍是比较高的。[1]

产品经理薪资的天花板很高。当产品经理成为某个业务的负责人、一条产品线的负责人，或者产品专家的时候，

1. 数据引自知乎问答《产品经理的真实薪资有多少?》，https://www.zhihu.com/question/520641048/answer/2816607278，2023年1月5日访问。

他的薪资就会高速增长。在我的认知范畴内，产品负责人的最高年薪是 400 万～ 600 万元。但需要注意的是，这 400 万～ 600 万元的年薪并不是全部发现金，里面大概只有几十万元是现金，其他的则是公司的股票或期权。而股票或期权能兑换成多少现金，是在不停变动的。

所以，对于产品经理来说，他的收入跟两个东西有关，一是公司的营收能力，二是公司的市值。而公司的市值取决于资本市场对于这家公司的前景是否持乐观态度，取决于这家公司的潜力。如果有一天公司出了个负面事件，市值缩水，那么产品经理的薪资也会随之缩水。

所以，高级产品专家的薪资构成是非常复杂而且充满变数的。

最近几年，互联网行业出现了薪资虚高的情况。前两年做校园招聘的时候，我听朋友说，有一些大的互联网企业为了抢优秀的应届毕业生，直接给出将近 40 万元的年薪，这让我非常惊讶。但这并不是普遍现象，我认为这样的情况也不会持续很长时间。因为互联网行业之前高速发展，很多互联网从业者的薪资锚定的是他所在公司的市值，但公司的市值并不等于它的实际盈利能力，而是人们对这个公司未来的预期。现在，人们对于互联网行业的预期正在缩水，那么互联网公司的市值就有可能缩水，员工的待遇也会降低。所以对于应届毕业生来说，大家不要被这样非正常的薪资所蛊惑。如果你选择做产品经理，还是要问问自己到底喜不喜欢这个职业。

了解了产品经理的薪资之后，你可能想知道，产品经理的工作强度有多大，需要“996”吗？实际上，产品经理是一个对自驱力要求很高的职业，因为没有一个硬性的标准去衡量产品经理的工作量。产品经理会把大部分时间花在与人沟通上，因为他提出的需求并不会都被实现。需求能否落地，既取决于产品经理的努力，也受很多其他外部因素的影响。所以，产品经理的工作，很难被简单量化。

而且，产品经理的工作强度也与每个人的自我要求有关。比如说，在一个季度里，有的产品经理能完成两个比较好的需求，有的只能完成一个，别人也很难说什么。同样是做产品需求文档，有的产品经理会写得比较简单，有的产品经理会把它细化到针对运营、技术、设计等不同部门的具体需求，这样每个部门都会更明白自己要做什么。这就是产品经理工作强度不同的原因。

产品经理未来的发展趋势如何

· 快刀青衣

网络上一直有一种唱衰产品经理的论调。在知乎上，“如何看待‘五年之后产品经理职位将消亡’的观点”这一问题引发近 40 万人关注；还有人断言，“产品经理这个职业即将消亡，八成淘汰，两成升级”。很多产品经理因此十分担心，有的甚至会考虑要不要转行。

近些年，确实有一些产品经理面临着很难找到工作的情况。这其中有大环境的原因，比如一些缺乏竞争优势和创新的互联网公司陆续倒闭，也有产品经理个人的原因，有的产品经理业务素质不过硬，对用户需求理解不深，又不像程序员、设计师一样有一门专业的技术。但是，这并不意味着产品经理这个职业将来就会消失。从 2017 年开始就有人说“产品经理五年之后必死”，但到现在这个职业也没有消亡。

实际上，任何一个行业里都有做得好的人和做得不好的人，就算这个行业不景气了，做得好的人依旧能活得很好。

打个比方，如今做糖葫芦并不是一个受追捧的职业，现在在街头做糖葫芦、卖糖葫芦的人，当然赚不了什么钱，但你如果做得很好，是冰糖葫芦这项非物质文化遗产的传承人，那么你也会活得很好。

就产品经理这个职业来说，它的核心能力是为用户提供解决方案的能力。在人类历史上，无时无刻不需要一个发现需求并提供解决方案的人。

比如我们的祖先，先驯化了马匹，然后发明了马镫。发明马镫的那个人就是产品经理，因为他看到了人们需要更安全稳定地骑马的需求，并为此提供了一个解决方案。这个方案提供得好，就会有人来为此买单。到了现在，任何公司做产品，不管是茶叶、饮水机，还是手机壳，同样需要一个提供解决方案的人。你别看手机壳这么一个小东西，它背后是一个很大的产业：有带支架的，不带支架的；支架隐藏的，不隐藏的；透明的，不透明的；各种图案的。做手机壳的人也是在挖掘手机使用者的需求，并给他们提供解决方案。类似这样的人，从广义上来说都可以算产品经理。

所以我认为，产品经理这个职业以后可能会叫其他的名字，比如“产品设计师”“工业设计师”，或者其他什么，但是为人们提供解决方案的人永远会被社会需要。

最近几年，人工智能发展迅速，特别是ChatGPT的问世，让很多产品经理都产生了这样的忧虑：我这个职业以后会不会被ChatGPT替代？

关于这个问题，唐沐老师认为，AI（人工智能）目前还无法代替产品经理去深入地理解业务、洞察人们的需求，产品经理要想不被AI替代，就要在这一点上下功夫。而且，产品经理一定要学会如何运用AI技术，把AI变成自己的助手。快刀青衣老师也同意这个观点，他还提醒我们，产品经理一定要有紧迫感，如果一个产品经理只会做一些螺丝钉式的工作，只是机械地承接业务部门的需求，然后把需求实现出来，那么，这种产品经理很容易被人工智能替代。

应届生如何走上产品经理之路

· 唐沐

我们说过，产品经理要承担的责任非常重大，所以这个职业对人的要求很高。我从来不相信应届生一毕业就可以成为产品经理，但应届生想要从事这个职业，是不是一点机会都没有呢？当然不是。每年各个互联网公司都会招聘一些应届生做产品经理，当然，实际是从产品助理开始做起，这可以成为应届生走上产品经理之路的第一步，但**如果你想成为一个好的产品经理，我更建议你从各大公司的管培生开始做起。**

像腾讯、小米这样的大公司，每年都会招一些管培生，全称叫“管理培训生”。这个培养模式是从外企学来的，培养目标是让这些管培生日后成为企业的中高层人才。管培生的一般培养流程是先让他们在公司的各个部门轮岗，熟悉部门的业务流程，然后公司再根据每个人的特点进行定岗。这样的模式很容易培养出优秀的产品经理。他会在轮岗的过程中充分接触设计部门、测试部门、运营部门等，对这些部门的业务有个整体的了解。他还可能担任某个项目的项目经理，这对他日后成为产品经理十分有帮助。

可能不少人有个疑惑：项目经理和产品经理有什么区别？这两者是一回事吗？当然不是。项目经理关心的是资源是否匹配成功，研发的节奏是否跟得上，发布的节奏是否准确等时间流程上的问题，而对于产品怎么定义、产品的目标人群是谁、用户体验应该怎么改进这些问题则很少过问。打个比方，比如你们家装修，会有一个设计师，他负责决定家里的装修风格是什么样子，地板用什么样的木料，卧室的布局怎样，等等。然后，还会有一个盯进度的工头，他只负责监督能否按时完工，中间遇到了什么困难，怎样去解决这些困难。这里的设计师就是产品经理，工头就是项目经理。当然，在一些比较小的项目里，如果涉及的部门不多，分工没那么细，也会出现产品经理和项目经理由一个人担任的情况。

做管培生，跟对人非常重要。每个大公司里都有一些做产品做得十分厉害的人，重要的是如何把他们识别出来，并想办法加入他们的团队。要判断一个人是否值得跟，主要看他过去是否做过什么成功的产品，然后看他做的产品用户有多少，DAU（日活跃用户数量）、MAU（月活跃用户数量）有多少，以及他在这个产品中担任什么角色。建议你选用户量多的团队，就像应届生到腾讯，肯定愿意直接进 QQ 团队、微信团队，或者《王者荣耀》团队。

如果你是一个还没有进入大学的学生，看完对产品经理的介绍，你可能想知道，如果将来我想做产品经理，大学应该选择什么专业呢？

大学里并不存在“产品经理”这个专业。在找工作时，如果你是学理工科专业的，比如计算机、统计学等，你申请产品经理这个职位会比较容易，因为产品设计过程中需要经常与技术人员沟通，理工科的学生有时候会更有优势。如果你是学文科专业的，你想要申请成为产品经理则会相对困难。

如果你是一个大学生，想在毕业之后找一份产品经理的工作，那么，你最好有相关的实习经历，对市场上做得好的产品有一定的研究，对面试公司的产品有自己的理解。

当然，如果你马上就要毕业了，但你所学的专业和实习经历还不符合产品经理这个职位的要求，而你又非常想做产品经理，那么你可以先从做运营入手。因为运营岗位的入门门槛比产品经理稍低一些，而且运营在工作中跟产品经理打交道比较多，你可以通过这个岗位先接触互联网行业，了解用户、学习业务，说不定会有合适的机会转岗成为产品经理。

如果你已经是一名职场人，但对目前的工作不太喜欢，不够满意，想转行成为产品经理，那么，下面这篇文章应该能给你一些帮助。

怎样转行成为产品经理

· 邱岳

产品经理现在是一个热门职业，我经常听到有人说自己对目前的工作不满意，觉得自己对产品更感兴趣，想要转型成为产品经理，我一般都劝他们要慎重。产品经理这个职业看上去好像非常简单——找到用户的需求，给各个部门提要求，然后各个部门就一起把产品做出来。但实际上要成为一个好的产品经理并不容易，更不是人人都可以转型做这个职业的。

想要转型成为产品经理，你最好懂点技术，这一点理工科出身的人比文科出身的更有优势。张小龙曾经讲过一个标准，好的产品经理是文章写得好的理科生。这里面包含两层意思：第一，理科生往往懂技术，而且逻辑性比较强，与工程师对接时相对容易一点，也更能理解哪些东西是技术能够实现的，哪些是技术难以做到的；第二，文章写得好，说明这个人关心人，能够体会人的喜怒哀乐，更能理解人的感受。

此外，如果你之前尝试着写过代码，开发过小的软件，也会更有优势。比如你写过一个小程序、一个字典软件、一个发电子邮件的客户端、一个闹钟程序，或者做过一个网页，等等，你会发现自己做出来的东西有什么缺点，在使用的过程中有什么需要改进的地方，然后自己琢磨着去修改。做这些东西的你，其实就相当于一个小的产品经理，经历了一个产品从开发到使用的全过程，而且懂得怎么去全盘考虑做一个东西。

还有一个标准是，产品经理岗位需要的所有能力中，你至少具备一个。比如说你要转型做一个医疗 AI（人工智能）的产品经理，你特别懂研发、设计、测试，或者你就是做 AI 或做算法的，都可以；又或者，你是一个有二十年临床经验的医生，虽然你一点也不知道怎么去做产品，但你对医疗相关的东西了如指掌，你的长板足够长，别人轻易替代不了，公司也愿意接受你不懂产品的短板，那也可以。但如果你原来是做纺织机械的，对医疗不懂，对做产品也不懂，那你想转行做医疗 AI 的产品经理，就是一件特别难的事情。

CHAPTER 2

第二章
新手上路

在了解了产品经理这个职业的基本信息之后，让我们进入职业预演之旅的“新手上路”部分。在阅读的同时，请你把自己代入其中，想象自己就是刚刚从学校毕业，或者刚刚从别的职业转为产品经理的一个新人，你的职位可能是“产品助理”或者“初级产品经理”。

这时候，你刚刚通过面试，进入一家公司，站在了“离CEO最近的职业”的起点，你想要有一天像乔布斯一样通过自己的方式改变世界，你的心中激情澎湃……

但仰望星空的同时要脚踏实地，一落实到具体的工作上，你会发现你要做的事情十分琐碎而繁杂。

首先，你要慢慢了解这家公司的业务，研究你正在做的产品。为了提出更精准、聚焦的需求，你需要做一系列的调研，了解用户的真实想法，并根据调研的结果和自己的判断提出需求，然后协调各个部门完成这个需求……

在此过程中，你会遇到各种各样的困难。比如，别的产品做了这个需求，我要不要也做？在实现需求的过程中，别的部门不配合怎么办？产品都做好了，在上线前一天发现问题怎么办？在“新手上路”这一部分，我们会一步一步为你拆解新手产品经理的具体工作。

◎入行准备

要想成为产品经理，入行之前需要做好哪些准备

基础：产品经理的三项底层能力

· 快刀青衣

很多人都在强调，产品经理刚一入行就要培养自己的产品思维。但对刚入门的产品经理来说，没有足够的工作经验，很难真正理解什么是产品思维，最要紧的，其实是多去掌握一些产品技能，培养自己的底层能力。

大致说来，产品经理必须具备以下三项底层能力：

一是沟通能力。产品经理写代码写不过程序员，画设计图画不过 UI 设计师，做测试做不过测试工程师，用户在产品中接触到的所有东西，比如按键、界面、反应速度等，都不是产品经理直接上手做出来的。那么，产品经理到底在忙什么？答案是，忙沟通。产品经理是一个靠强沟通去完成工作

目标的职业，要想让内容、运营、技术、市场、客服的同事，甚至公司的高层都为一件事情而努力，中间缺少沟通是万万不行的。我喜欢把产品经理形容成团队内部的立交桥，让公司的各个部门之间都能互通有无。

二是学习能力。刚刚入门的产品经理很难有机会去全面负责一个大项目，通常只会负责其中的某一个模块。新手产品经理需要通过这一个模块的工作，把所有相关的东西都深入学习一遍，例如怎么做用户调研，怎么撰写文档，怎么做数据分析，等等。比如说你负责某个 App 的分享功能，那么你就需要通过观察国内外各种产品进行深入研究：其他产品的分享功能都是怎么做的？什么样的内容可以分享？分享出去的界面是什么样的？收到分享的人点进来看到的界面是什么样的？要不要给主动分享的人佣金？而中途转型的产品经理，需要在短时间内找到自己的短板，把这个短板补上。如果你之前是做技术的，那么技术就是你的长板，你要把与设计、运营、内容相关的短板补上。如果你之前是做内容的，你就要尽快补充关于设计、技术、运营的知识。这些对于人的学习能力是一个很大的考验。

三是共情能力。具体来说，就是要懂得用户的感受和需求。产品经理不可能永远是自己所做的产品的用户。比如你是一个男生，要做母婴类产品，但你没有机会去真的成为妈妈；或者要做一个给年薪 100 万元以上的人使用的产品，你也不可能等到自己年薪 100 万的时候再去做。但是，如果你不了解用户，你就无法做出好的产品。所以，你要尽最大努力去把自己代入到用户的生活中。在这种情况下，共情能力就非常重要。

比如说，你是拼多多的产品经理，大家都说拼多多的用户是“五环之外的人”。为了弄清用户的需求，你就要去想：这里的“五环外”指的是北京五环外，还是三四线城市，还是县城和农村地区？这些用户的人均消费水平是什么样的？他们能接受什么档次的商品？想清楚这些之后，你要将自己代入这些场景，想象自己在那个情境下会怎么买东西。

为了摸清目标用户的需求，很多产品经理都有自己的一套方法。有的方法很简单，比如说你要为盲人开发一个软件，你就可以把自己的眼蒙上，然后亲自使用这个产品，通过这种方式切身体验盲人用户的感受。有的方法则需要动动脑子，我知道一个奢侈品方面的产品经理，每周末都会约房产中介去看别墅，甚至去租一套别墅，以此来体会富人家庭的生活是什么样的。

张小龙有一句话叫“一秒钟变小白”，指的就是产品经理要能够在一瞬间卸掉所有身份，抛弃掉之前的所有认知，把自己想象成目标用户。如果你没有良好的共情能力，你在感知用户需求方面就有天然的劣势。

以上这三方面的能力是产品经理在工作中每时每刻都需要用到的，新手产品经理要想打好基础，就要多从这三个方面下功夫。

习惯：每周坚持试用几个产品

· 快刀青衣

新手产品经理很容易遇到的一个问题是视野比较局限。因为你刚刚进入一个企业，就是企业的一颗“小螺丝钉”，容易被这个行业、被自己做的产品所限制，看不到其他人在做什么，这对你未来的发展非常不利。那么怎么才能破解这个难题呢？一个非常好的方法是多看其他产品，并且把自己代入到某个产品的产品经理那个角色中去，认真思考那个产品有什么做得好的地方；如果是自己在做那个产品，下一步要实现的目标是什么；为了这个目标应该做什么功能；等等。

我每周都会强迫自己下载几个 App 去试用，而且会一直关注这些 App 的更新。比如说小宇宙 App，它有个版本实现了可以搜索全网播客内容的功能。我会想它这个版本为什么要做这个功能，下一个版本可能会做什么样的功能。对于我特别感兴趣的产品，我会上网搜这家公司的财报、相关的市场宣传，甚至找人直接去他们公司问为什么要做这个功能。

在这个过程中我给自己定了一个原则：**只去看其他 App 的优点，不去找缺点。**产品经理这个群体特别容易犯的一个毛病，就是以批判的眼光去看别人的产品。每当一个新的产品上市时，第一波尝鲜者永远都是产品经理，有人把这批人叫作“产品蝗虫”，但很多产品经理扑上去不是为了体验产品，而是为了炫耀自己，告诉其他人“我发现了一个新产品，你们都不知道吧”，或者“你们都觉得这个产品做得好，但我能找到几个它做得特别差的地方。如果按我说的做，这个公司早上市了”。但骂别人的产品对自己没有半点好处，还会让你产生一种不切实际的自信。所以我曾立过一个 flag[1]——永远不在公开场合批评任何一个产品。如果它哪个地方真的做得很差，你跟它的产品经理又是朋友，可以私下提醒一句，但一定不要好为人师。

除此之外，我还会逼自己，**对于试用的每一个产品，都要找到五个可以借鉴和学习的地方。**哪怕再烂的产品，只要你用心去找，一定有至少五个可以学习的地方。可以学习的点

1. 指设定过一个目标。

可能很小，比如说这句文案写得不错，这个地方字体颜色用得很高级，等等。一定要正向研究别人的产品。

另外，我们在面对形形色色的App时，一定不能走马观花地看，随便用用就算了。哪怕你只挑一个你喜欢的产品，持续关注它的每一次迭代，思考它为什么要这么做，你的收获都会比泛泛地看一堆产品要大。

需要指出的是，国内有一些著名产品需要重点关注。微信、抖音、快手、淘宝、京东这五大应用你都要密切观察、积极思考，因为做这几个产品的公司都是上万人的规模，产品团队有大几千人。它们每个版本迭代的功能，可能都是从成百上千个产品需求中筛选出来的，并且通过了高层的审核。它们每一次更新都代表着商业社会的目标和方向。你要仔细研究为什么这次只更新了这三个功能，它的更新文案为什么要这样写，下一步它可能会做什么样的功能，然后到网上去查资料，深入研究。这样不出半年，你的产品能力一定会有大幅提升，对整个商业趋势也会有自己的理解。

举个例子。当年微信刚刚推出“拍一拍”这个功能的时候，我就在产品经理的圈子发了一个动态，我说微信的下一个版本，一定会做“让用户自定义‘拍一拍’后缀”这个功能。我为什么会有这样的推断？

首先我想的是，“拍一拍”这个动作表达的是什么含义。我发现由于场景不同，这个功能可能表达的含义太多了。比如说领导拍下属和下属拍领导是不一样的，在一个等级森严的企业里，如果你不小心“拍了拍”上级，这个动作的意思又不明确，领导可能认为你冒犯了他。另外，长辈和孩子之间、男女朋友之间和普通朋友之间的“拍一拍”都是不一样的。这个“拍一拍”到底想表达什么呢？不清楚。

但如果可以让用户给“拍一拍”加后缀，大家就会玩起来，“拍一拍”就变成了一个非常轻松、带有娱乐性质的功能，它就会减少很多误会，所以我断定它下一步一定会做这个功能。果不其然，过了半个月，这个功能就上线了。好多人问我，你是不是之前听到了什么消息，我说我之前什么也不知道，但是当我把自己代入到微信产品经理的角色中，就会发现这个功能会遇到一个非常大的“坑”。

他山之石，可以攻玉。年轻的产品经理要多做这样的练习。将来不管是继续在某个公司里做产品，还是自己出去创业，这些思考都会对你有所帮助。

作为产品新人，想要提高自己的工作能力，除了坚持试用新的 App 之外，你还需要在生活中处处留意，寻找启发。

比如，快刀青衣老师平时上网的时候发现，一些网站经常会弹出一个窗口，提醒你网页出现了错误，不能正常显示。

遇到这种情况，我们通常解决的方法都是同一个——换个浏览器。但作为产品经理，这时候你就要去思考，我的产品有没有类似的情况，有没有可能出现类似的情况。一个懂技术的人看到弹出的报错窗口，可能知道换个浏览器就可以了，但如果你的用户是一些不懂产品、不懂技术的人，你该通过什么方式帮用户解决这个问题？长期思考这类问题，你的工作能力就会在不知不觉中得到提高。

连接：建立自己的行业人脉

· 快刀青衣

很多人觉得“人脉”与拉关系、走后门、应酬之类的有关，只有销售、保险经纪人等职业才需要，以便于拓展业务，而产品经理不需要刻意经营人脉，凭借自己的能力就能实现升职加薪。如果你这样想，可能就错失了提升自己的好机会。产品经理经营人脉不是为了走后门、拉关系，而是为了在每个做产品的公司里都有几个认识的人，这样在分析其他产品的时候，就能够及时掌握一手资料，避免闭门造车，在错误的道路上越走越远。

网上经常有文章分析某个产品背后的策略是什么，我看到之后有时就会转发给这个产品团队里的人，问问这种分析准不准确。有时候人家就会说："他分析这些都是瞎扯，我们从来都没想那么多。"所以，如果没有这个公司的人脉，你就可能被引到错误的路上去。

我们公司的产品也被人这样分析过。我面试过一个亚马逊的数据分析师，他做了一份 20 页的报告，分析了得到 App 的某一门课程为什么售价是 199 元，其中提到很多数据模型，也考虑了很多因素，比如家庭或个人教育投入与收入之间的比值，得到 App 的投入产出比，等等。他的结论是：得到 App 把该课程的售价定为 199 元是合理的。听完之后我非常震惊，对他说："你的报告可以给我留下来吗？我觉得你分析得挺好。"他反问我："难道你们不是这么分析得出的结论吗？你们的售价到底是怎么确定的？"我说："当时大家都觉得 200 元是一个心理上的门槛，过了 200 元，就会觉得花的钱有点多，所以就打算定 200。罗振宇在旁边说了一句，我们降 1 块钱吧，这样感觉会好些。199 元这个价格就这么确定了，整个过程不到两分钟。"但是，那个亚马逊的数据分析师不知道这些，也没有找到合适的人去打听，就只能根据 199 元这个结果进行倒推，去找一些支持它的理由，这其实是走了弯路的。

那么怎样建立自己的行业人脉呢？第一是通过平台，比如微博、知乎、极客时间、人人都是产品经理这样的网站，或者一些论坛，你都可以关注不同公司的产品经理。第二，产品经理这个圈子其实并不大，一个产品经理总会在几个产品经理的群里，你如果想要了解某个产品的信息，可以在这些群里去寻找相关的人。

简而言之，**产品经理建立行业人脉，并不是为了套近乎、拉关系，也不是为了通过人脉去拿订单、拉客户，而是为了在自己分析某个产品的过程中找到一手的信息源。**当然，对于要了解的产品，你最好能找到产品负责人的微博或者知乎账号，然后跟他直接交流；如果找不到，你也可以发动身边的朋友去接洽这个公司的人，让他帮你打听消息——不打听敏感消息，只是问问某个功能背后的思路。因为有的产品经理做某个功能时并没有考虑太多，可能是拍脑袋决定的，也可能只是为了汇报工作时有东西可写。如果没有内部信息，你就很容易停留在自己的世界里给自己“加戏”，认为人家在“下一盘大棋”，得出一些完全不符合实际的结论。

关于这一点，邱岳老师也提醒我们，如果你是某个特定行业的产品经理，为了建立自己的行业人脉，你从入门开始就要积累自己的行业知识。

比如，如果你做的是教育相关的产品，你就要去了解如今教育的发展方向、学校的组织形式、国内优秀的教师有哪些等；如果你是做与医疗有关的产品的，你就要去了解医保的相关规定、医疗的政策法规、药品的供应链、医院的组织形式等；或者你做的是出版行业的产品，你就要去了解图书书号是怎么回事，为一本外文书寻找译者需要注意哪些事项等。

掌握了相关的知识，你就可以去认识一些这个行业内的人。这样你跟这些业内人交流的时候，他们说的事你才能懂。并不是说你要对专业知识理解得多么深刻，而是当别人给你讲一件事时，你要对这件事的来龙去脉，以及业内人对这件事是什么态度有一个基本的判断。这些人给你的信息，可能是你在网上、书里都找不到的。

要想成为产品经理，怎样才能在面试中获胜

启程：把面试作为产品去经营

· 快刀青衣

很多人认为，判断一个人是不是好的产品经理，只有等他做完几个项目才能看出来，我觉得不尽然。其实通过简历、通过面试过程，面试者就能判断他有没有成为一名好产品经理的潜力。判断的标准，就是看他有没有把自己、自己的简历、自己的面试当作一个产品去经营。

产品经理不是靠灵光一闪就能想出好点子。你需要在业务信息方面有充分的准备。如果没有足够的信息和数据支持，你很难做好一个项目。对于面试来说也是一样，你应该至少花半天的时间，去充分研究要面试的公司，看看公司的官网，研究公司的业务、发展方向和整体风格，他们更喜欢什么样的员工，他们对这个岗位的定义到底是什么，主要是为了解决什么问题，有条件的话还可以研究你的面试官。我的

同事曾经遇到过一个人来面试得到 App，上来就讲了很多关于罗永浩的事情，又讲到了最近我们公司要进军直播带货领域，弄得大家非常尴尬。最后我的同事只好告诉他，我们公司没有“罗永浩”，只有“罗振宇”。

另外，好的产品都要有良好的用户体验，产品经理不能只考虑自己的好恶，一定要去考虑用户看到这个产品、这个功能是什么样的感觉，要会站在用户的角度去想问题。

所以你找工作、写简历的时候也是一样。在写简历上的每一段话时，你都要跳出来，想一想看到这段话的 HR（人力资源）会怎么想，面试官会怎么想。比如说，有人的简历上可能只有一句话：“我参与了 XX 项目。”但如果稍微具备一点产品思维，他就会写在这个项目中自己起到了什么作用，甚至会想，我如何让面试官知道我通过这些项目获得了哪些能力，于是他就会写“我具备了主导千万级日活产品的能力”，那么面试官一看，觉得这个能力很稀缺，对他就会有好印象；或者“我在公司内部协调了 5 个部门的 140 名员工，做了一个为期长达 8 个月的复杂项目”，面试官就会觉得他的统筹能力、领导能力还是不错的。

此外，能够给面试官带来好感的一个行为是经得住追问。如果你的简历里有造假的成分，面试时你在一些项目细节上肯定经不住追问，而且产品经理的圈子很小，很多从业者都互相认识，如果你在简历上造假，面试官可能在圈子里一打听就能打听出来。

有一次，我在一个教育平台上看到一门产品经理方面的课，开课的人说自己是得到 App 创始人级别的产品经理。我心想，公司创始时期一共只有三个产品经理，这个人我为什么不认识？而且，他写的项目经历有一部分是我的。我就找同事去问，最后发现这个人在我们公司都没有做过产品经理，只是一个技术部门的实习生，做了三个月就被我开掉了。他现在想转行做产品经理，就挂了产品经理的 title（头衔）。

此外，从其他公司过来面试，被我发现简历造假的人，太多了。最常见的是，这个人在公司里只负责某一个小的功能和小的产品，就说自己是公司的产品副总监、产品主管；自己做的项目明明只有百万量级，非要说自己主导了千万量级的项目。有一段时间，我研究过一家公司的财报，过了几天，正好有这家公司的产品经理过来面试。面试时，他说他做了一个活动，挣了多少多少钱，而他说的这个收入竟然超过了他们公司的年收入。我觉得，要不就是他在骗我，要不就是他对收入一点概念都没有，要不就是他们公司财报造假了，这三者必居其一，于是，我就直接把他淘汰了。

产品经理通常很善于伪装，因为他们学到了太多沟通的技巧。有很多产品经理在面试中表现得很好，对做过的项目侃侃而谈，对每一个数据都了如指掌，让你觉得他们非常有实力，但是等进行背调的时候才发现，他们说的那些项目根本不是他们自己做的，他们只是把那些数据和细节都背下来了。这种情况太多了。一旦在面试中发现某个人有诚信问题，我肯定会毫不犹豫地把他淘汰，而且这种问题只要被发现一次，这个人在整个产品经理圈子里就很难生存了。

准备：顺利通过面试需要具备哪些能力

· 唐沐

我在招聘的时候会让应聘者给我出一个产品方案，题目可能就是我现在正在做的一个产品。他可以先口头描述，但事后一定要有一个书面的文档。在这个文档中可以看到很多东西，一个是他的排版是否简洁，字体、字号、字色用得对不对，让人看着舒不舒服，这是考验他的审美水平。另外一个，我会看他对这个产品的定义是否靠谱。衡量是否靠谱，主要看他的调研方法、他对用户群体的定义、对使用场景的琢磨，等等，这些都是产品经理的基本功。从这一系列东西里，我会看到他定义的这个产品是否合理，会不会有人使用和购买。

除此之外，我还会看他对这个产品的商业模式的规划。比如说，如果他要做一个智能硬件，他就要对这个智能硬件带来的附加价值，以及将来有可能的增值服务做可能性的设计。因为我在智能硬件这个领域踩过无数的坑，走过无数的弯路，所以他提出来的东西，我一眼就能看出靠谱不靠谱。

冯唐有一本书叫《成事》，他说成功有很多偶然因素，但成事是可以通过一件件小事去积累的。一个产品经理可能没有经历过很成功的大项目，但是他最起码应该把一个产品方案写好，这在我这里是加分项。

此外，我会特别注意他过去负责的产品有没有设计一些亮点。比如说，我之前遇到过一个做路由器的产品经理，他设计的产品有一个功能亮点就是把路由器做成PCDN（点对点内容分发网络）节点，用户的每一台小路由器都是一个小服务器，数据可以在这些服务器之间交换。比如你平时用手机看抖音，数据是从抖音的CDN（内容分发网络）服务器上传输过来的，但是这时如果你的路由器发现有另一台路由器离自己很近，里面存了一些数据的片段，它就可以把数据从这个离自己近的路由器里拉过来，这样信息传递的速度就会很快，你也会感觉刷抖音刷得更流畅。我觉得这就是一个好的创意，可以延展为更好的商业模式。

总而言之，**我判断一个有一定经验的产品经理是否优秀时，一方面是看他的产品方案做得怎么样，这是作为产品经理的基本功，另一方面是看他是否有创新力，这是他发展潜力的表征。**

要想成为产品经理，怎样选择自己的第一份工作

规划：领导 > 机会 > 平台 > 薪酬

· 快刀青衣

新人选择第一份工作要考虑哪些因素？

无非就是这么几个：薪酬、平台、领导、机会。对于新手产品经理来说，也是如此。很多人都能想到这几个维度，但如果要排个优先级的话，可能就排得五花八门了。对于这个问题我分享一下个人观点。

薪酬、福利固然重要，但对于刚入门的新手来说，它们都不应该是最优先考虑的。也有很多新人把平台看得最重要，希望一毕业就进入像 BAT[1]、字节跳动这样的巨头公司。但也正是因为平台大——巨头公司一般都是 10 万人左右的规模，很多年轻的产品经理进去只能做一些打杂的工作或边缘的项

1. 指百度、阿里巴巴、腾讯三家公司。

目。对于产品经理来说，前几年的经验非常重要。即使进了巨头公司，如果前几年底子没打好，最后也只能收获简历上的一道光环。当你要换下一份工作的时候，虽然你是 BAT 出来的，但是真正懂行的招聘者一下子就能看出，你只是在大平台里做了一个特别边缘、特别小的功能，并不会太在乎你。

所以，我建议，**新手产品经理选择第一份工作时，第一要考虑的是，带你的领导是不是这个领域的专家。**如果你的领导在你刚入行的时候，知道你的长处和短处，能够把你放到合适的位置上去成长，帮你找到问题，并带你有针对性地去解决，这对你才是最有利的。

有了靠谱的领导之后，第二要考虑的是机会。产品经理最初几年最怕成为一颗“螺丝钉”。我以前面试过一个亚马逊的工程师，工作十年了，只负责一个界面，这个界面只有五个功能。除此之外，他这十年没做过其他的事情。那么，对于我来说，他过去十年一直在做的，其实是工作了三个月的实习生就能做的，他十年的工作经验对我来说毫无价值。所以，一家公司能不能给你充分成长的机会，是不是让你一直做“螺丝钉”，也是要考虑的关键。

第三要考虑的是平台，最后要考虑的才是薪酬。平台大小其实没那么重要。如果你去了大平台，但是没有好的领导，也没有好的机会，那这份工作对你以后的择业并不加分。比如腾讯有那么多业务，你进去是做微信支付的产品经理，还是做一个二十年前的、已经没有增长空间的游戏的产品经理，对你成长的影响是不一样的。

如果你选择了做小游戏的产品经理，可能会比做微信支付挣得更多，职级也更高，但是等你在腾讯待了三年，想出来找机会的时候，有人会要你这样的人吗？没有，因为你前面三年都在维护一个过时的、马上要不行的产品。但是如果你选择去做微信支付的某一个核心功能，一定有人愿意要你。

所以，新人第一份工作要考虑哪些因素？如何确定优先级？我的建议是：领导＞机会＞平台＞薪酬。

路口：选择大公司还是小公司

· 唐沐

在从事产品经理这个职业之初，很多人会面临一个问题，到底是选择 BAT 这种组织结构严谨的大公司，还是刚成立不久、比较有活力的创业公司呢？

我认为，如果有机会，可以先到大公司里锻炼几年。大公司的好处在于，你进去之后的成长曲线是非常确定的，可以按 P1、P2、P3、P4 的职级序列一步一步往上走。它能够保证你在刚刚从事这个职业的时候受到比较系统的训练，为以后的发展打下基础。但大公司的缺点是对人的限制比较多，待的时间长了，容易变得非常模式化。这时候如果机会合适，你自己也比较有意愿的话，你可以尝试去一些刚刚创业的公司。很多在大公司待久了的人，总觉得自己身上有一些光环，但是出来之后你会明白，那些不是你的光环，而是公司的。一旦你要独立去面对所有的事，没有原来那么多的领导和上级帮你，你会很快地成熟起来。

我在加入腾讯和小米的时候，这两家公司都还处于创业阶段，像腾讯当时才只有二百人。我选择公司一般有两个标准，**一是这家公司做的东西自己感兴趣，二是能看到自己在这家公司里可以发挥什么样的作用，创造什么样的价值。**

我去腾讯是因为我当时用 QQ，用了一段时间之后，我发现这是一个很好的产品，但是很多功能还有改进的空间。QQ 满足了人们即时聊天的需求，这个很好。当时有几千万的用户在用这个软件，说明这个用户需求找对了，但是它的有些用户体验很差，例如 UI 不美观、广告乱放、QQ 头像略显粗糙、聊天时的一些表情也很难达意……我又喜欢做设计，所以我觉得我去腾讯之后，一定能帮他们把这个软件做得更好。结果这一做就是十年。最后一年，我发现，在腾讯，我已经非常幸运地把能做的互联网产品形态都做遍了，于是就想做一点新的东西。一个好的产品经理必须得“爱折腾”，不能“小富即安”，特别是不能躺在功劳簿上睡大觉，这样人会废掉。当时在北方，雷军雷总创立的小米，第一代和第二代小米手机已经做出来了，我觉得，如果小米可以把手机做好，那么人们生活中的其他东西，比如路由器、电视、音响、风扇，我都有机会触碰到，都有机会重新改造。雷总当时给我画的蓝图就是做中国的智能家居产品，要改善人们的生活方式，要改造和颠覆身边一切不够好的产品，和我想做的一致，所以我就去了小米。

当然，创业是一场九死一生的“战争”，加入创业公司有很大的风险，如果决定加入创业公司，你就必须做好承担风险的准备。

关于就业时究竟要选择大公司还是创业公司，邱岳老师是这样说的：“去创业公司的有两类人，一类是能力不够，没有通过大公司的面试；还有一类是对空间和自由度要求极高，非常清楚去创业公司可以得到什么，这样的人即使你劝他去大公司，他也不会去。真正想要创业的人拦都拦不住，也不会有这个疑问。所以如果你心里存在‘去大公司还是创业公司’这个疑问，我劝你直接去大公司。”

选择：做职业规划时要找到自己的兴趣

· 快刀青衣

在选择职业的时候，一个清晰的职业规划会帮你找到工作的方向和目标。那么，怎么规划自己的产品经理生涯呢？最好的方法是，弄清楚自己到底喜欢什么类型的产品。

如果你选择做一个自己没那么喜欢的产品，你可能会成为一名合格的产品经理。但如果你想要成为一名优秀甚至顶级的产品经理，你必须认可并喜欢自己做的产品。比如原来做 P2P（点对点网络借款）的一些产品经理，他们并不喜欢自己做的东西，工作只是为了挣钱、为了糊口，而不是为了兴趣。那么，在做了一段时间后，他们就很容易找不到用户真正的需求，也没办法推动产品的迭代升级。

如果你对自己做的产品感兴趣，你会更有动力去寻找这个产品可以迭代升级的地方，并对它的未来有更准确的判断。

产品经理是一个“无限游戏”。你可能每天都在迭代产品，这种迭代是没有尽头的。你永远都会觉得有需要改的地方、有需要增加的功能。但是你必须有清晰的认识和目标，这个产品在两年、三年、五年，甚至更长时间之后，应该大概是什么样子，要去服务什么样的人，然后奔着这个目标一步一步往前走。这是一个长期的目标，并且可能不是在一家公司实现的。

举个例子。比如你是一个对教育特别感兴趣的产品经理，初入职场时，你可能进入了一家互联网教育公司做产品。但三年之后，你发现你在这个公司的发展空间很小了，或者你想做一个用AI、VR（虚拟现实）等技术来帮助大学生学习知识的App，而目前的公司不想往这个方向发展，那么，你可能就会去找一家发展方向跟你的兴趣匹配的互联网教育公司。

这就是产品经理的职业规划。你首先要弄明白你对哪个行业、哪个领域感兴趣，搞清楚自己愿意在哪个领域深耕。只要这个目标确定了，你离成为一名优秀的产品经理就近了一大步。

刚刚踏上工作岗位，要注意避免踩进哪些“坑”

入职：不要急着出产品方案

· 快刀青衣

很多刚入职的新人会有一个误区，特别想尽快向公司证明自己的价值，所以就把大量的时间用在琢磨产品方案上，想要尽快拿出一个来。但很多时候新人提出的方案，要么之前有人提过，要么根本不符合公司的实际情况，要么别的公司做过。我就遇到过几次这样的情况：新入职的产品经理写了一个产品方案，信心十足地拿给我，我看了一眼就告诉他，这个方案我们之前试过了，后来发现用户并不需要，于是就把它砍掉了；或者这个方案在别的公司已经实现了，但我们研究了一下，不适用于我们的产品，所以就没做。因此，在对岗位目标、公司产品、团队协作不了解的情况下，如果一个产品新人急于琢磨产品方案，只能做无用功。

我建议，新来的产品经理不要自己闷着头去研究，而应该多找公司里的人聊天，这里的聊天当然不是日常聊天，而是带有明确的目的。

目的之一是弄清楚这个产品为什么会是今天这个样子，之前大家有过哪些想法，做过哪些尝试，有哪些是已经被证明过的结论，以便尽快和这个项目里的人达成共识。要达到这个目的，你就要跟熟悉这个产品的人聊。之前参与这个项目的核心人员，比如开发、运营、产品经理、设计师，以及负责这块业务的高层决策者，你都可以去跟他们交流。通过他们给你的线索，你还可以进一步去找之前项目的文档、数据、结论，甚至当年用户的评价，这些都是有价值的。很多新手产品经理容易犯的错误是，在网上看了很多分析报告，然后就动手写自己的方案，反而忽略了身边最真实的信息来源。

跟公司里的人聊还有一个目的，就是搞清楚你这个岗位的核心目标是什么。要达到这个目的，你就要跟日后与你紧密协作的人聊。比如运营是期待你拉进新用户，还是期待你提高老用户的留存率？聊完了，你就完全能判断出来，大家对你这个岗位的核心期待是什么，你要解决的问题是什么，能证明你比其他产品经理做得好的标准是什么。

比如你是得到 App 负责分享模块的产品经理，那么你现在要解决的，到底是没有人愿意把得到的课程分享出去的问题，还是分享出去但并不能拉来新用户的问题，还是分享这个动作需要的时间过长的问题？如果不了解这些，当你开始具体工作的时候，你的思路可能并不清晰。

跟公司里的同事聊，不仅可以帮你明确目前工作的任务和目的，有时候还会带来意外之喜，那就是帮你找出当前业务中可以继续完善的部分。在聊的过程中，客服的同事提出了我们的产品中存在A问题，运营的同事提出了B问题，技术的同事说我们还能做C方面的提升，而这些细节问题是之前领导没有注意到的。你就可以将这些问题汇总起来，汇报给领导，比如你觉得分享功能在哪几个方面可以迭代，做一个什么样的动作可以解决大部分用户的吐槽，哪个细节可以让用户体验更好。当你拿出这样一份报告时，领导一定会对你刮目相看，因为你确实在努力解决产品的实际问题。这样的产品方案才是一个好方案，也是公司需要的方案。

所以，新手产品经理刚刚入职时，不要急着出方案，而应该把大量的时间花在跟人聊天上。通过跟相关的人聊天，尽快明确目标、熟悉业务，然后结合实际认真思考。这样一来，拿出好的产品方案是水到渠成的事，千万不能本末倒置。

如果你想快速了解公司的业务，邱岳老师分享了几个好方法：

第一个方法是利用好公司的文档库。很多公司都有自己的文档库，你在那里可以找到跟产品有关的一切资料，了解这个产品是怎么做到今天这个样子的，有哪些功能是之前有人试过但没有成功的，目前这个产品的发展方向是什么，等等。

第二个方法是整理产品结构。在看完文档库里的所有资料之后，你可以把这个产品的结构整理出来。通过整理产品结构，你能够全面地了解这个产品，知道它的核心功能是什么，设置了哪些小功能，哪里有优势，哪里有欠缺，等等。

除此之外，还有一个吃力一点的办法。如果你稍微懂一点技术，你可以把产品的代码大致读一遍。从代码里，你能看出这个产品是用来做什么的。虽然一开始看的时候可能有些困难，但是从头到尾看一遍之后，你不但会理解产品内部的技术逻辑，也会在宏观上、功能上加深对这个产品的理解。

务实：没有人喜欢“不接地气”的产品经理

· 快刀青衣

很多职能部门吐槽产品经理的时候会说，产品经理提出的方案虚无缥缈，完全不能实施，也就是俗话说的“不接地气”。

产品经理虽然不用懂太多技术操作，但是要懂一些技术原理，知道什么样的东西是可行的。可很多产品经理只会在开会时夸夸其谈，言必称其他产品怎么做的，比如脸书怎么做的，谷歌怎么做的，但是落到自己的产品上，却产出不了一个能解决现实问题的方案。

还有的产品经理不用通俗、直白的语言解释某个决策，非要扯很多生僻的名词，比如心理学名词、管理学名词等，这实际上是因为他没有足够的底气和数据洞察。

此外还有一种产品经理，非常勤劳，每天都在努力产出方案，但是从他的方案中看不到他的目标，只是想方设法在证明自己比其他人牛、比其他人优秀。

以上这三种情况都可以被称为“不接地气”。我曾经遇到过的一个极端例子，把这几种情况都占全了。这位产品经理上午入职，当天下午七点就被我开掉了。当天我跟他一起开了两个会，在讨论产品设计的时候，他非要用一些非常拗口的名词，比如“我的推荐算法用的是k-Nearest Neighbor”，而且在没有十分了解公司业务的前提下，质问大家：“为什么这个地方我们不能学谷歌？为什么不能学脸书？”我问他：“我们学谷歌、学脸书的目的是什么？学完之后你要达成的指标是什么？学它们的哪些内容，能达成现在我们想要的指标？”

这些问题他都回答不上来。他的表现，只是为了显示自己很有见识、了解很多东西、视野很广阔，但他对于如何解决具体问题没有真知灼见，只是夸夸其谈。

我还收到过一个产品经理给我的一份建议书，这个产品经理不是我们公司的员工，是外部的。这份建议书里说："我特别喜欢得到 App，我发现得到 App 有视频课，但是数量不大。在日常生活中，我还喜欢 TED，我还喜欢'一席'的演讲，我们可以把这两个都放到得到 App 的视频库里，这样用户就可以看到更多的内容，解决得到 App 视频数量不多的问题。"随建议书，他还做了一个产品方案，很美观，也非常完整，但我给他回了四个字："版权侵权"。

版权问题是产品经理日常会接触到的非常基础的问题，但是这个人根本没有考虑到这个问题，他的方案不具有可行性。而且这份建议书会让我觉得他的目标模糊——他到底是要给得到 App 提建议，还是为了显示自己很厉害，还是要通过这封信打动我，然后入职得到？我不知道他到底要干什么。整体来说，就是"不接地气"。

一个"不接地气"的产品经理很容易遭到各个部门协作者的质疑，工作也无法正常推进。为了不被大家质疑，你就一定要在做方案的时候考虑实际情况，使得你提出的方案都有具体的可行性。

心态：产品经理需要“脸皮厚”

· 邱岳

很多人认为产品经理是一个自带光环的职业，看到乔布斯在苹果发布会上被千万人簇拥的样子，或者小米产品一发布，雷军受到无数人追捧的样子，对产品经理这个职业便心向往之。但实际上，产品经理是一个要面对众人评价、经常被人吐槽的职业，甚至有时候跟你的产品做得怎么样无关。

对于产品经理来说，评价一个功能要不要做，通常没有对错之分，只看你的目标是什么，而且无论你怎么选，总会有人觉得你做的是错的。

比如说，你用飞书、钉钉、抖音这三个软件给别人发消息，消息已读还是未读你是能看到的；但如果你用微信发，就看不到。那么，有显示已读或未读的功能比较好，还是没有比较好？我觉得并无好坏之分。如果现在我要做一个新的即时聊天产品，作为一个产品经理，不管我的产品有没有这个功能，肯定都有一堆人反对我。如果我选择加这个功能，肯定有人说：“这样太麻烦了，我如果不想回别人信息，都没法装作没看见，你看微信就不这样。”如果我选择不加这个功能，肯定也有人说：“我跟人说话的时候，就想知道他是没看见，还是看见了故意不回我，你看飞书、钉钉、抖音都有这个功能。”

又比如，很多软件，特别是课程平台，都有一个分销的功能：你把某个课程推荐给别人，你就会获得优惠或者返券，但是得到 App 就没有这个功能。我相信得到 App 的产品经理在这个问题上也会遭到很多人的反对。如果他选择始终不加这个功能，那么销售团队的人可能就会吐槽他——我们这个月的业绩就差一点，如果产品经理把这个功能做了，咱们的业绩就达成了；如果他加了这个功能，可能用户就会说——得到 App 已经忘了初心了，开始走分销的路子了，这太商业了，它再也不是一个纯粹的传播知识的平台了。

那么，产品经理加不加这个功能取决于什么呢？实际上跟别人的说法都没有关系，主要看产品发展阶段和产品原则。我觉得微信的产品原则可能是，信息接收者的利益大于信息发送者的利益，那么收信人是否已读这件事就不能传达给发信人。如果你要做一个新的即时聊天产品，你就要考虑你的产品原则究竟是什么。

产品经理除了要承受内部带来的压力，在产品上线后，还要面对用户的评判。而且越是好的产品，用户越多，产品经理可能被骂得就越多。苹果刚推出无线蓝牙耳机的时候，网上一片骂声——有的说这种耳机太容易丢了；有的说耳机设计得太奇怪了，自己省吃俭用买了耳机放在家里，结果妈妈认为耳机断了给扔了；还有的说耳机太难看了，形状像一个吹风机……这时，要保持良好的心态，真的不是一件容易的事。

我们有时候开玩笑说，产品经理需要“脸皮厚”，就是因为他可能每天都会面对很多负面的声音。产品经理不仅要保持良好的心态，还要使自己的决定不受外界声音的影响，保持头脑冷静，动作不变形。

◎前期调研

要做成一个产品，产品经理的一项重要工作就是调研。调研大致可以分为用户调研和竞品调研。

用户调研的目的是了解用户需要什么样的产品。有的公司会做用户画像，但这并不是必需的。重要的是，你要对用户有一个感性认识，比如要对他们的年龄、性别、职业、收入、喜好、认知等有个大致了解。这样，做产品的时候，你才能知道是给谁做的。

值得注意的是，对于同样一个产品，不同的产品经理对用户的想象可能不同，所以做出来的产品可能是完全不一样的风格，很难说谁对谁错。但不管做出什么风格的产品，都要建立在深刻理解用户的基础上。

竞品调研也很重要，它会帮你了解如今市场上有哪些产品，它们的优缺点是什么，它们的差异是什么。这些对你做产品都会有启发。

作为新手，你可能会问，我应该从哪里开始了解用户？怎样才能找到用户真正的需求？对于用户提出的需求是否应该全盘接受？去哪里才能找到竞品？接下来，我们看看在实际工作中应该如何解决这些问题。

产品经理怎样做好用户调研

感知：自己最好是所做产品的用户

· 唐沐

在产品的策划阶段，一个产品经理需要决定开发什么样的产品。这个时候，不少产品经理都会感到迷茫，不知道用户需要什么样的产品，还有的人一味跟风，什么产品火就跟着开发什么。

之前“共享经济”比较火的时候，有个笑话，讲有人看共享单车做得不错，便开发了“共享电话”，在公共电话上贴上二维码，只要用手机扫码就可以打电话——真的是很“天才”。

从我的经验来看，我只开发那种我自己就是用户的产品。只有这样，在判断什么功能应该增加，什么需求需要被满足的时候，我自己才能有最直观的感受，做出的判断也是最准确的。

比如，我在小米做的第一款产品是小米路由器。路由器这个东西我自然需要用，那么我就很容易知道用户的痛点在哪里。传统路由器的上网设置非常麻烦，通常需要七步、八步，甚至十步才能完成——我们家之前的路由器，我夫人从来不知道怎么设置。这种“反人类”的设计，竟然长达十年之久都没有得到优化。这个痛点，我自己很容易就能感知到，所以最后做出来的小米路由器只需要三步就可以设置成功。

再比如，小爱音箱，也就是小爱同学，我给它设计的功能集是：语音交互＋最强大的音频内容库＋IOT（物联网）控制中心。基于强大的小米 IOT 平台，所有的米家设备都可以通过米家云连接到小爱音箱上，你对小爱音箱说话，就可以控制这些设备，其中最简单的就是开灯关灯。这也是从实际体验出发的，我认为需要这么一个功能，后来市场也证明了这一点。

当时有一家小米生态链公司在做智能马桶盖，非常希望自己的智能马桶盖也能内置一个小爱同学语音助手。我从自己的生活体验出发，觉得这事儿行不通，但对方坚持要这样做。于是，这个产品在使用的时候就会出现一个特别诡异的场景：用完马桶之后，你蹲在那儿喊一声“小爱同学冲水”，然后会有一个女声从马桶里回答你，“已冲水”。

我相信这个产品经理应该不是自己家智能马桶盖的用户，他根本没有从自己的体验出发来判断这个功能需不需要做，而是一味地想搭上小爱音箱这班车，这样就会使产品设计变形。

最近几年我发现，有些即时通信软件我不怎么愿意玩了，比如陌陌、Soul 这些。我很难从这些软件中获得乐趣，根本不是这些软件的用户，所以我觉得我不会去做这样的产品。有段时间有一个元宇宙软件 Roblox 特别火，我玩了一会儿，发现根本玩不进去。那里面有无数的小游戏，我随便点了一个，然后我就在游戏里变成了一只狗，面对很广阔的一片空地，跑了半天谁也没遇到，好不容易看到了另一只狗，我冲上去跟它说话，结果它不理我，而是一直跑，跑到了一个山洞里。玩了半天，我也不知道乐趣在哪里，就退出了。可能这一代互联网产品就不是我可以去定义的。即使我去做，我也摸不到用户的脉。

有人说，产品经理过了 35 岁，就不懂年轻人在想什么了，就没办法做了，但我觉得还是那句话：做自己是它的用户的产品。你到了 45 岁的时候，就知道 45 岁的人需要什么样的产品；如果你足够敏锐，你还是可以向下兼容更年轻的年龄段需要的产品。而且，有些好产品是不分年龄段的，比如 iPhone。像我现在做的全屋智能产品，针对的是中高端用户，这些人需要有一定的财富积累，年龄跟我差不多或者比我年轻不少，但不管哪个年龄段，大家都是希望有一套可以提升居住品质的房子，那我就可以很容易地感知他们的需求。千万不要明知不可为而为之，明明知道自己跟这个产品的用户之间有很大距离，还非要去做，那样，你肯定会“撞得头破血流”。

专业：使用产品时要带着产品经理的视角

· 快刀青衣

做自己产品的用户，不是说你只需要代入用户的角色，而是要带着产品经理和用户的“双重视角”来审视自己的产品。

普通用户使用产品的视角特别单一——用得好就继续用，用得不好就离开。但从产品经理的视角来看，你要想的就不一样了。你要想的是，这个产品用得好，我想让它更好；用得不好，我怎么去优化它。

我是一个很难对任何产品感到特别满意的人，至少自己的产品我会觉得到处都是问题。这个地方用得不爽，我会想，还有什么样的用户会遇到跟我一样的场景？这批用户多不多？比例有多大？现在我有没有资源优化这个问题？一直顺着往下想。

举个例子。得到App的文稿功能，就是因为我觉得用起来不方便才决定要做的。起初大家觉得，音频产品没必要加文稿，但对我来说，听永远没有阅读的效率高。所以我说，可以听，边开车边听、边坐地铁边听、边做家务边听，都很方便；也可以读，当我有时间时，还是希望能看文字。虽然音频很重要，但文字阅读肯定也是一部分用户的核心诉求。所以，在当时没有任何音频类应用带文稿的情况下，我们率先在音频下面附了全文稿。

还有一个迭代，是关于课程推荐的。以前我们觉得，用户喜欢这门课，可能还需要与它主题相关的课，比如你学了金融学，我再给你推荐几门经济学的课或者理财相关的课。

后来我们发现不对。比如我自己对交互设计感兴趣，不能说我刚学完一门交互设计的课，旁边就来推荐，你再学学工业设计吧，再学学体验设计吧。人如果对特定领域感兴趣，除了泛泛了解之外，还是想继续深钻的。比如我想在交互设计领域深钻，接下来要看的并不是什么工业设计，而是行为经济学、心理学之类的内容。所以，发现用户感兴趣的内容后，不能只推荐横向相关的课程，还要根据用户的兴趣推荐一些能够让他在已有领域深入钻研的课。

你看，上面说的两点优化，都源于我对产品的亲身体验。在这个过程中，产品经理不仅是使用者，而且要永远带着第三方审视的态度看待自己的产品。

在实际工作中，由于种种条件的限制，有时候你没有办法是自己所做产品的用户，怎么办呢？

一方面，你要有足够的同理心，采用思想实验的方式去感知用户。比如你的用户是三四线城市的低收入群体，那么你要把自己代入他们的处境，想象这样一群人在租房子、买东西、上班、休息时的状态。你还可以去近距离观察这样的人群，了解他们的生活。

另一方面，如果你不是自己所做产品的用户，你至少要了解这个产品所在的行业，至少要是这个行业其他产品的用户。比如你要做的是一个考研的产品，但你从来没考过研究生，不过你会用学英语的产品、学会计的产品等，你对教育这个行业有一定的了解，也一样能够做好这个考研的产品。

接近：与用户做朋友

· 唐沐

要做好一个产品，做好用户调研、了解用户是至关重要的。一般来说，现在市场上通用的用户调研方法有以下几个：

1. 用户观察：找 6 ～ 8 个用户使用产品，尽可能不干扰用户，让他们根据自己原有的习惯如实表现，观察者通过单面镜在隔壁房间对他们进行观察；

2. 焦点小组：与用户面对面交谈，收集信息；

3. 问卷法：向用户发放问卷，回收问卷并进行分析；

4. 大数据分析法：通过数据洞察用户行为。

我在腾讯的时候，腾讯特别重视用户调研。当时公司的副总裁网大为（David Wallerstein）第一次提出了“用户参与”这个词，英文是“customer engagement（CE）”。马化腾特别重视这一点，把它上升为公司战略，并把所有部门的考核标准都加了一项——全民 CE，考核你的用户参与做得怎么样。

当时我们所有人都不太理解“用户参与”这个词，后来 David 形象地解释说，engagement 除了“参与”，还有“订婚”的意思，你要想象自己跟用户“订婚”了，这样你才能够充分重视用户，通过各种方法去了解他们想要什么、他们的痛点是什么，据此做出一个产品定义的判断。在腾讯，用户调研这件事是放在这样一个高度的。

当然，腾讯家大业大，可以用足够的资金去做用户调研。后来我从腾讯离开，加入小米，那时的小米还是创业公司，还不足以进行这么大规模的用户调研。当时雷总跟我说，要和用户做朋友。他让我去开微博账号，通过微博直接跟用户交流，并且吸引10万粉丝，后来我做到了100万粉丝。我发现，这个方法比我之前看各种调研报告、用户视线停留报告更简单，也更直接。我可以第一时间知道我的用户是什么样的，他们正在面临什么问题。我随便在微博上跟大家交流几句，就能够得到很多非常有用的信息。

比如今天有用户用了小米的路由器，哪里有功能欠缺，哪里有bug（故障），他就直接在微博下给我留言。我看有十几个人出现这个情况，就知道这个地方需要修改。这个方法非常节省时间，而且你还能第一时间感受用户的情绪。比如一个用户今天正在开视频会时用了路由器，但无线网络总是断断续续的，他就会非常愤怒，跑到你的微博底下吐槽。你感受到他的情绪，就知道你的一个失误造成了什么样的影响。

直接：面对面接触是了解用户的好方法

· 邱岳

我一直要求我们的产品经理要尽可能多地去直接接触用户，比如说做客服给用户打电话，回复用户的留言，去参加一些用户群体组织的论坛，最好能跟他们处成朋友。如果两个人关系比较密切，能像朋友那样，你对对方就会有一个非常感性、复杂的认识，你知道哪些话会让他生气，哪些话不会让他生气。这种通过真实接触获得的感性认知，会渗透到你做产品的过程中。

比如说我要做一个电子阅读器，或者电子书的App，我在做“划线”这个功能的时候，就不需要去发调研问卷或者找一堆人来访谈，问他们“你需要划线这个功能吗”，因为我朋友里有很多读书的人，我经常看到他们读书的时候拿着笔，我有时候也会借他们的书看，经常看到他们在书里划的线，那么我就可以肯定，“划线”这个功能他们是需要的。

又比如我之前做过用于医师资格考试复习的App，但是我完全不知道这批学医学的年轻人是什么样的，我也完全不理解他们的需求。后来，我就跑到他们考试的考场去观察，发现他们完全不是我设想中传统医生的样子。他们跟其他年轻人一样，也会开玩笑，也会说脏话，也会打游戏。这样，我在做这个App时，脑子里就有对象感了，而且这个对象是真实、具体的人，不是我头脑中的想象。最后在设计产品时，我就加入了一些年轻的元素。

我在做医疗行业产品的过程中，接触了很多医生朋友，听他们讲了大量医院里的故事，比如自己第一个病人去世时是什么情绪，或者由于自己的失误对病人造成过什么伤害，还有治愈病人时会有怎样的成就感。你听他们讲这些的时候，就会进一步建立对这个群体的感性认知，而不是仅仅停留在一堆数据上，或沉浸在自己的想象中。我现在年纪慢慢大了，周围的朋友年纪也和我差不多，但我如果还要继续给年轻人做产品，就要经常提醒自己，不能离年轻人太远。

快刀青衣老师告诉我们，如果你做的产品不是面向特定群体的，比如医疗类、母婴类、公务员考试类，而是面向一般大众的，那么你在公司内部就可以找到很好的调研用户。当然，在选取调研用户时，要照顾到公司里的不同角色。

比如，刚刚入职的新人可以作为年轻人的代表，中高层可以作为中年人的代表，技术员可以作为一部分理性用户的代表，设计师可以作为一部分文艺爱好者的代表。而且因为都是同事，大家填问卷的时候也会更加用心。这样，只需要调研三四十个人，你就可以得到各个类别的人对于你的产品的基本反馈。这是一种便捷又可操作的方法。

除此之外，还有一种方式是利用大数据，一下调研几万人，得到更加丰富的信息。这两种方法各有优劣，产品经理可以根据实际情况进行选择。

甄别：提高调研结果的准确性

· 邱岳

如果你希望调研结果对产品起到积极作用，一个必要因素就是调研结果的准确性要高。**不管是问卷调查还是面对面访谈，我们都强调尽量少问意愿，多问行为；少问主观性问题，多问客观性问题。**这是为什么呢？

我们大部分人都填过调查问卷，或者接受过访谈，即使面对的是匿名调查，有时我们潜意识里也有伪装自己的倾向，比如把自己伪装成一个好学的人、外向的人、助人为乐的人，等等。有了这层伪装，调研的结果可能就不准。

比如有的情绪测试中有这样的题目：

进入一个陌生场景，你更愿意怎样做？

A. 跟所有人都热情打招呼

B. 只跟认识的人打招呼

C. 到一个角落里藏起来，等着别人跟你打招呼

D. 感到不适只想逃走

出题者想通过这道题了解的，是受测者是否外向，是否愿意跟人交际。而有的人虽然是内向性格，但是觉得内向不好，外向更好，就会伪装自己，去选择 A 这个选项。

这种题目属于情景类题目，也就是设置了一个情景，问你会怎么做。在做用户调研时，我们一般强调不要用这种情景类、意愿类问题，多用行为类问题。

换成行为类问题，这个题目你就可以这样问：

在上一次10人以上的聚会中，你跟多少人说过话？

A.1个人及以下

B.2～4个人

C.5～8个人

D.9～10个人

这样一来，他需要回忆上次聚会的真实场景，以及自己究竟跟几个人说过话，掩饰自己的概率就会低一些。

又比如你要做一个有关图书的软件，你想知道这个人每个月在买书上会花多少钱。如果你直接问“你一个月买书的预算是多少”——这就是个主观意愿的问题，他可能会想要伪装成一个好学的人，然后告诉你“300元”。但如果你问“你上个月买书花了多少钱”，他可能会回答“不到100元”——这就是个客观行为的问题，这样的问题得到的答案会更加准确，不掺杂用户对自己的人设想象。

再比如你设计一个调研问题：

你在和伴侣遇到问题的时候会如何解决？

A. 冷战

B. 大吵一架

C. 好好沟通

可能 80% 以上的人都会选 C，但如果你的问题是：

上次你和伴侣发生冲突后你们冷战了几天？

A.1 个月以上

B.7 ～ 30 天

C.7 天以下

D. 没有冷战

你得到的结论可能就会不一样。

要想完全避免人的伪装是十分困难的，但我们可以通过基于具体情景和行为的问题设置，降低用户伪装自己的概率，从而得到相对真实的反馈。

调研问卷是调研时经常用到的工具，问卷里的问题设置要让用户有选择的空间，有表达的权利。比如，如果你问用户“对我们新上线的功能满意吗”，然后设置两个选项——A 满意，B 不满意，那么，不管用户觉得这个功能好不好用，都可以在问卷上体现出来。但有的产品经理并不是这样做的，他的问卷设计只是为了把用户的反馈引导到自己想要的答案上去。

快刀青衣老师曾经见过一个真实的产品改版调研问卷，当时那个产品的新一轮改版做得很差，用户的反馈都不好。调研问卷的题目是这样问的：

我们这次改版花了几个月的时间，你觉得改版的效果如何？

A. 挺好

B. 不错

C. 非常好

D. 非常满意

最后产品经理得出的结论是，有97%的用户对我们这一次的改版感到满意。这种调研问卷是没有什么意义的，工作变成了一种表演。要想让自己的调研问卷真实有效，你就要给用户表达的空间。

分析：用“五问法”发现用户的真实需求

· 邱岳

在用户调研之后，产品经理要做的下一项工作往往是需求分析，由于**有时候用户提出的并不是他们的真实需求，而是诉求，产品经理就要通过自己的分析，挖掘用户的真实需求。这也是区别产品经理水平高低的标准之一。**

有句关于需求挖掘的名言:“用户不需要1/4英寸的钻头,他需要的是1/4英寸的洞。”这句话说的,就是要找到用户的需求到底是什么。他可能到你这儿来是要买一个1/4英寸的钻头,但他真正需要的不是钻头,而是在墙上打一个洞。这句话后来又被演绎成更多版本,比如,“用户需要的也不是1/4英寸的洞,而是在墙上挂一幅画”,“用户需要的不是画,他需要的是房间的格调”,等等。这些听起来像抬杠的演绎,其实就是不断探索和挖掘真正需求的过程。

我在工作中经常用到的一个方法叫“五问法”,针对一个用户的一个需求,你不要轻易地去认同和接受,而是一直不停地问“为什么”,至少连问五次,从而追究其根本原因,找到需求背后真正的动机。

比如我们曾经接到过一个客服同事的需求,希望可以在订单管理系统中按照修改时间对订单进行排序。作为产品经理,最偷懒、最没有职业尊严的方法,就是直接把这个需求转给技术部门,让他们去改进。但是好的产品经理要对这个需求进行分析,看看这是否是客服同事真正的需求。于是我们就去探索客户需求背后的动机。客服同事说是因为工作需要,那具体是什么需要呢?他说,要优先处理时间超过一周的订单。那为什么要优先处理这些订单呢?他说,因为这些订单如果得不到及时处理就会过期,影响业务部门的工作……就这样一路问下去，最后我们得到的信息是，他每天的审核压力特别大，自己想出来的办法是先审核那些临近deadline（截止日期）的订单。但是，和他聊天的过程中，我发现有一部分订单是可以被机器识别进而自动审核的。所以，最后我跟他达成一致，我们不做按照修改时间进行排序的功能，而是自动审核掉一部分订单。这就是发现用户的真实需求。

现在很多人吐槽产品经理，说他们经常“变更需求”，一会儿要求做这个，一会儿要求做那个。产品经理不停地改需求，开发部门就要不停返工。这其实很大程度上是因为，产品经理最开始没有挖准用户的真实需求，而仅仅是把用户以为的需求传达给了开发部门，后来发现不好用，只能又提出别的解决方法。就像上面那个例子中，如果我一开始就让开发部门去做按照修改时间排序的功能，可能后面还会修改很多次。所以，找准用户的真实需求是产品经理重要的核心素养之一。

关于产品经理，有这样一个段子。有一个产品经理被人绑架了，他问对方：“你想干什么？”对方不说话，一个劲儿地打他。产品经理急忙问：“你是不是想要钱？”对方不说话，继续打他。产品经理又问：“你是不是要车？”对方不说话，继续打他。产品经理接着问：“你是想要我的房子吗？”对方还是不说话，继续打他。最后产品经理崩溃了，问：“我就想知道，你到底要什么？”对方说：“要什么我怎么知道？写代码的时候，我也想知道你到底要啥！”

虽然只是段子，但也反映了真实工作场景中存在的现象。所以，产品经理对于各部门提出的意见和用户的反馈都要有自己的判断，需要想清楚自己到底要什么，再去和开发部门沟通。

产品经理怎样对待用户反馈

分辨：产品经理不能对用户意见照单全收

· 快刀青衣

收集用户反馈是产品经理了解用户的一个重要步骤，但很多产品经理会把用户调研的结果奉为圣旨，仅仅依靠用户调研的结果来决定做不做某个功能，这样做的产品经理，本身是不称职的。**用户调研虽然很重要，但是只能作为参考，不能成为产品经理做决策的决定性因素。**

为什么不能仅仅依靠用户的反馈来决定对产品做什么样的改进呢？

因为有时候我们的调研结果不一定准确。除了用户可能会伪装自己的需求外，调研也可能忽略了“沉默的大多数”。参加调研的人都是比较活跃、愿意表达的人，而很多沉默的用户不会参与到调研中来。

比如说，在过去的三年里有无数的用户来问我：“为什么得到 App 的音频最高只能三倍速播放，不支持五倍速播放？”

如果我现在去做一个调研，问大家“你需要五倍速播放音频的功能吗”，这个问卷发出去之后，平时不用倍速播放功能的用户可能根本不会打开勾选“不需要”，而是看到标题就直接忽略了，只有需要五倍速播放功能的用户才会打开问卷，然后选择“需要”。等拿到调研报告的时候，我们发现有 70% 的调研用户需要五倍速播放功能，这是不是意味着我们的每 100 万用户里面，有 70 万都需要五倍速播放功能呢？肯定不是。如果我真的信了调研报告，把这个功能做上线，那么它的使用率一定会很低。

又比如，一个产品经理有一天突然想在某个三线城市做一个活动，但是，他没有想清楚这个活动的目标群体是谁，就在自家的 App 上发了调研问卷“你愿不愿意参加在 XX 城市举办的 XX 活动”。由于这个活动本身价值不大，大部分用户都没有兴趣，但他们不会专门点进调研问卷选择“不愿意”。然而，这个 App 可能会有一批“死忠粉”，愿意参加这个 App 举办的所有活动，哪怕自己去不了那个三线城市，他们也会点进调研问卷选择“愿意”。这样一来，产品经理拿到的调研结果就会有很大的水分。

用户调研是产品经理一定要去做的一个步骤，但是我们不能神化用户反馈。你可以通过收集用户反馈来验证自己的产品想法，但是很难从用户反馈里发现新的需求。因为用户给你的反馈，永远是基于你现在的产品。他们了解的场景甚至都没有你多，他们提的意见可以帮助你修改 bug，帮助你把用户体验不好的地方改好，但也许并不能帮助你去开拓新的领域。

真相：用户有时并不清楚自己的真正需求

· 唐沐

对于用户反馈的意见，产品经理并不能完全遵从。真相是，有时候用户并不清楚自己的真正需求，他们对这个世界的认识和想象容易被现有的情况所限制。正如改变了人类出行方式的亨利·福特所言，“在汽车出现前，如果你问人们需要什么，他们的答案是一匹更快的马，而绝不会是一辆汽车”。

比如十几年前我做 QQ 表情改版时，我非常清楚我新改的这一版比以前的更好，不仅因为我对它进行了审美上的提升，比如最常用的“龇牙笑”的表情图标，原来的嘴占整个脸的比例太大了，新版调整得比较合适，还因为计算机技术的发展，很多图形效果表现力可以比原来好。比如，以前我只能用 16×16[1] 的画纸，现在可以用更大的了；原来只能用 16 色，现在可以用 256 色了；原来分辨率比较低，细看每个表情的边缘会有一些锯齿，现在这些锯齿都没有了；等等。

但是，当新一版表情上线时，网上立马出现劈头盖脸的骂声。有人说“原来表情的神韵都没有了”，还有人强烈要求我改回来，骂得我都睁不开眼。到后来我都不看评论了，一看就特别伤心。用户认为他们的需求是原来那套表情，但我认为背后的原因是改动很大，用户一下还接受不了，他们以为的自己的需求并不是他们真正的需求。果然，骂了一个月后，大家就渐渐接受这套表情了。到现在再回头看，大家都认为当时那个新版本的表情是更符合审美的，也成了新的经典。后来我对 QQ 头像也做了一次类似的改版，这次被骂了三个多月，但最后用户也认可了新头像。

用户不一定所有时候都是对的，更多的时候，产品经理需要去引导他们，告诉他们什么是更好、更优秀、更便捷的东西。所以，产品经理不仅要有过硬的专业能力，判断什么是用户真正需要的，还要有足够的自信，不被外界的声音左右。

---

1. 指画纸上每一横排和每一竖排分别都是 16 像素。

产品经理怎样做好竞品调研

目的：通过竞品分析获得启发

· 快刀青衣

对于很多产品经理来说，竞品分析是一件必不可少的事。很多人对竞品分析存在误解，觉得所谓竞品就是跟我在做同样事情的一个产品，竞品的市场份额多一点，我们的市场份额就会少一点，竞品分析就是去分析这些产品最近在做什么。

但我觉得，竞品分析的核心并不是什么是竞品，也不是这些竞品最近做了什么，更不是最终的分析报告，而是要找准我们做竞品分析的目的。确定好目的之后，你才能根据这个目的去选择要分析的产品，去决定竞品报告所要设计的维度。

比如说，如果你做竞品分析的目的是改版自己产品的界面设计，你就应该选择一种设计好看的、新潮的、跟自己用户群体比较匹配的产品。假设你的用户群体是20多岁的年轻人，你就可以去看看B站的设计——即使你的产品不是视频网站。如果你的目的是改变产品的商业模式或营收方式，你就应该找到跟自己产品的业务模式比较相似的产品，看它们是怎么营收或节约成本的。只要找准目的，你的工作就完成了 60% ~ 70%，剩下的就是思考可以从这个竞品身上学到什么。很多人做竞品分析，上来就是竞品的三大优点、十大缺点，但是到这里还没完，你还要去分析这三大优点有哪些可以学习，十大缺点可以带给你什么启发，可以吸取什么教训。

对于竞品分析报告来说，你也要想清楚报告的目的是什么。我们不是用它来证明其他的产品都不行，证明它们有各种各样的缺点，证明只有我们的产品能在市场上获益；证明这些对自己的产品毫无用处。**竞品分析报告的目的是，把从竞品身上发现的洞察落实到对自家产品的思考和优化上。**比如说你看到有三个产品的收入模式比你的产品好，你就可以拿着这个报告去和财务、CFO（首席财务官）讨论，看看这几种收入模式能否用在自己家产品上。即使最后被证明不适合，这个竞品分析的过程也将你对自家产品的思考推动了一步。

举个例子。2016 年我要做一个智能化推荐播单[1]的功能，叫“随时听”。为了研究播单类产品怎么做才能受到用户的欢

1. 指音频或者视频的播放清单，用户一旦选择某个播单，该播单里的音频或视频就会依照顺序播放。

迎，我分析了两三个硅谷的播客类产品，其中有一个创业公司的产品我觉得做得不错。

当时有很多产品的播单功能是等用户进来后，随机推送他之前喜欢的东西。但这个公司是根据用户的时间，匹配相应的播单。用户点进这个软件，先选择他现在有多长时间来听音频节目，比如说他选择“1 小时”，然后这个产品会根据用户的时间给他匹配播单。

看到这个之后，我就去研究它的生成逻辑是什么，同时思考这个产品和我的产品之间的差别。在美国，如果用户选择他有 60 分钟的时间来听音频，那么这个产品就会给他匹配两条 30 分钟的音频，因为美国人开车的时间比较长，这个时间是连续的，不会经常被打断，所以给他生成两条 30 分钟的没问题。但如果把这个场景放到中国，同样也是 60 分钟的时间，我就不能按照美国的方式生成播单。中国用户的节奏更快，他可能 10 分钟要换乘一趟地铁，再过 10 分钟要走一段路，时间是碎片化的，所以 60 分钟的时间，我就要给他匹配 6 条 10 分钟的音频[1]。

在这样的情况下，关于整个播单的理念，大家是近似的，但是对用户的洞察，功能的生成逻辑、推荐逻辑，都是不一样

1. 现在得到 App 的课程时长大部分都是 12 分钟左右，也是根据这种逻辑反复测算出来的。

的。“随时听”这个功能就是我做了竞品分析之后的结果[1]。

产品经理做竞品分析，要通过别人的产品获得启发，但这种启发不是简单地照搬，你可以借鉴别人的理念，但是不能像素级别地拷贝别人的东西。比如说别人的按钮是绿色的20像素，你也设置一个绿色的20像素的按钮，这就不行。你要去思考如何把好的理念放到自己的产品里，因为没有任何一个逻辑是放之四海而皆准的，它应该是与你产品的调性和用户群紧密相关的。

快刀青衣老师有一个“特异功能”，就是能够在短时间内准确地找到竞品。他一旦决定要做一个功能，便可以在众多的App里找到有相似功能的。有的时候，他甚至可以在两天时间内找到某个犄角旮旯里一个非常小众的App。那么，究竟怎样才可以准确地找到竞品呢？让我们来了解一下他是怎么做的。

1. 后来由于业务的发展，这个功能下线了。

搜索：如何能够快速而准确地找到竞品

· 快刀青衣

很多产品经理在寻找竞品的时候，只会用关键词到手机的“应用市场”里或百度上搜索。搜不到就觉得自己做的这个功能是独一无二的，没有别的产品做过。这样的方法是不对的。你要知道，这个世界上很少有新鲜的东西，你能想出来的想法，可能在世界上另外一个角落，已经有人想到过、实现过、失败过了。所以寻找竞品，一定要广泛搜索，精准地收集信息。

在我的搜索习惯中，我认为有三点特别重要。**第一是在搜索的时候不要给自己设限，有的时候要去猜测它可能存在的地方。**

举个例子。之前得到App的电子书板块想增加一个功能，就是把书里一些精彩的句子摘出来给用户看，看完这一条，用手指往上一滑，就可以看到下一条，形式上有点像刷抖音，但内容是书中的精彩句子。我后来找到了一个印度的应用，做的就是这个功能，给我们提供了很多思路。我之所以会去印度的应用市场搜，是因为在我看来，如果要快速地浏览短信息，发达国家已经有了推特和脸书，不需要另外一个App，但印度的特点是市场大，科技从业者多，创业的小公司多，而且很多小公司和硅谷都有一定的联系，所以可能做出各种各样的 App，里面或许就有我想要的。

第二是要用多种语言搜索。我们知道，中国很多创业公司的产品，特别是小产品，不可能有英文版本。假如你是一个美国的产品经理，你想找一个中国的小众 App，用英文搜肯定搜不出来。比如有一段时间特别火的“啫喱”App，很多中国人都不一定会念，美国人又怎么可能用英文搜出来？他如果用英文搜，那搜出来的肯定是一堆化妆品、啫喱水。所以，我们在搜索别的国家的产品时，一定要用当地的母语。

第三是要有顺藤摸瓜的能力。比如当时我要找那个像刷抖音一样刷金句的功能，是这么做的：先在谷歌上搜索有哪些关于文字阅读的应用，然后查这些应用背后的公司是哪些，然后再查这些公司在哪些国家做了产品，然后再用这些国家的母语去搜有没有相关的应用。

在寻找竞品的过程中，你可以在一些大的平台，比如 YouTube、TED 上，搜一些网络公司创始人的演讲，他们的只言片语中可能会提及某类公司，或者某一个人，你就可以沿着他说的公司名或者人名继续往下挖。搜一个人的信息时，你可以在谷歌、领英、推特上搜，还可以搜跟他相关的人，搜他发表过的演讲。这样，基于这一个人，你就能汇集出一张小的信息地图，就算这些信息暂时用不上，没关系，先放在那里，说不定未来某天收到一个需求，你就能立刻想起你曾经见过的这些信息。

所以，要想找到竞品，最关键的就是广泛地搜索，找到一个线索不断地往下挖，然后用当地的语言去搜索，甚至有的时候还要主动猜测竞品可能存在的地方，然后你就会发现，世界上没有什么新鲜事，你的想法或许已经有很多人实践过了。

◎产品设计

前期调研结束后，你就要进入产品设计阶段了。这是产品经理最核心的工作环节，也是决定产品成功与否的关键阶段。

在产品设计阶段，你要根据前期的调研结果，结合公司业务需求，进行深度的需求分析，判断哪些是真需求，哪些是核心需求，哪些是高优需求。然后，你就要准备开好立项会，由评审委员会来决定这个事情要不要做。立项会通过后，你还要推动各个部门协作，实现最初的产品设计。

很多人认为，产品设计就是产品经理迸发灵感的过程。产品经理就像艺术家一样，突然迸发出一个改变世界的想法，然后用这个想法牵动自己的工作。但实际上并不是这样，作为一个产品经理，来自用户、上级、市场的需求就已经堆满了你的案头，你需要在大量的需求中寻找有意义的那个，然后定义它的解决方案。比如说，客户会有大量的反馈，有的人会说这个地方我不想填两次身份证号，能不能我填完一次之后，第二次就自动带出我上一次填写的内容。这个时候你就要去了解用户使用的场景，然后去看数据，看使用这个功能的人多不多，看如果把这个地方改掉，对数据的拉动大不大，要是没有多少人用这个功能，那么可能这就不是我们需要优先满足的需求。

打个比方，作为一名创作歌手，你如果期望自己用一辈子的时间积蓄力量，最后写一首一鸣惊人的歌，然后名满天下，这是不切实际的，也不是专业的创作歌手干的事。专业的创作歌手不能靠灵感活着，而要把自己泡在创作的氛围中，每天练习，不断地创作作品。

同样，作为产品经理，你也不能希望自己一年就提出一个惊世骇俗的想法，而是应该在大量的需求和数据中埋头苦干，最后把一个产品做成——那才是了不起的成就。

在“产品设计”这一部分中，你会了解很多产品经理在做产品设计时经常遇到的问题，比如，如何分辨用户的需求和诉求？如何判断需求优先级？如何将核心需求转化为产品功能？如何开好产品说明会？如何推动不同部门共同实现产品设计？产品经理如何才能开好立项会？如何进行产品设计？在产品方案确定之后，如何让其他部门配合自己？“用户体验”到底是怎样一回事？怎样做才算是重视用户体验？等等。

了解这些问题，是真正成为产品经理的第一步，也是所有新手产品经理必须磨炼的基本功。

产品经理要如何判断需求的优先级

· 邱岳

产品经理通常会接到很多需求，这些需求主要来源于四个渠道：第一是用户或其他利益相关方（例如投资人）的反馈，第二是公司的决议或者说长官意志，第三是自己的灵感，第四是同行或竞品近期上线的需求。那么应该如何评估这些需求，怎样确定哪些需要做、哪些不用做、哪些先做、哪些后做呢？我觉得应该从以下三个方面进行考虑。

第一，哪些需求是最强烈的，是对用户体验影响最大的，或者说哪个地方让用户最不爽。比如我们在做的一个产品叫"就诊问问"，用户在就诊之前可以到这个应用上去问一些关于医院、医生的信息，自己有什么地方不舒服也可以上去问。那么，"理解用户意图"这个需求的优先级就很高，我们也投入了很多成本去满足这个需求。比如用户问"孕妇能不能吃阿莫西林”，这个产品就要快速识别出这是一个关于药品使用禁忌的查询。又比如，对于自己的症状，用户希望能够看到更权威的医生的解答。这个有一定的难度，因为有时候比较权威的医生很少在这个平台上回答问题。怎样在最短的时间内让用户看到权威医生的回答，也是我们花费了很大精力和成本去解决的问题。再比如用户提出需求，要求能找到罕见病的信息。一般人得了感冒这样的常见病，不需要上网去问哪个医院比较好，但是如果他得了重症肌无力或者贲门失弛缓症这样的罕见病，就需要线上问诊。这些都是会严重影响用户体验的需求，所以必须优先解决。

第二，公司或者整个产品团队目前的方向。评定需求优先级一定不是一个产品经理自己坐在办公室里就能决定的事，而是需要全公司一起对齐目标。比如微信要上线某个功能，不可能是做这个功能的产品经理自己就决定了，而是需要整个团队方向的审定，他们要看这个功能上线能够解决我们现阶段的哪些问题。所以，公司目前的方向是判断需求优先级的重要指标。比如有些公司处于融资阶段，投资方要求公司每天接到的订单数量必须超过 100 万单，才能进行投资，那么产品经理就要做一些刺激下单的功能，类似每一单给用户补贴多少钱等。又比如某个公司现在要全面转向手机应用了，那么产品经理就要暂停全部电脑版应用的上线。总之，产品经理不能只考虑单一的用户需求，公司的战略规划也是需要考虑的重要部分。

第三，投入产出比。有一些需求虽然也会影响用户体验，但是考虑到投入，可能优先级并没有那么高。比如“就诊问问”有一个很重要的功能，用户可以通过输入语音搜索信息，可现在对方言的体验不是很好，用的时候不是很顺畅，可能用户对着手机讲完了，要过几秒之后才会收到有效反馈。但是优化这个功能的体验要花费的资金和时间都是巨大的，而方言输入又不是大部分人的刚性需求，那么这个需求就要往后放。又比如我们要保证用户搜出来的医疗信息是科学可靠的，但这件事对算法的要求极高，谷歌和脸书投入了那么多钱也没解决假新闻的问题，所以对于我们这个应用来说，要想把不实信息的数量降为0，在短时间内几乎是不可能的，毕竟，就算是资深医生对疾病的判断，都没有办法做到百分百准确。那么，我们就不会把这个需求当成当前最紧急的需求，而会把它当成一个长期需求，在我们日后做产品的过程中不断寻求更好的优化途径。

总而言之，**在评估需求时，总的原则是用户使用频率越高、需求强烈程度越高的越优先，与公司战略方向越一致的越优先，同时还要兼顾投入产出比。**

产品经理如何才能开好立项会

· 快刀青衣

在20世纪末和21世纪初，一个产品从策划到最后的诞生，往往需要一年半载。但近些年来，互联网产品诞生的速度越来越快，一个产品或者功能的上线往往在很短的时间内就完成了。很多人认为，为了提高效率，没有必要大动干戈地去开立项会，但我认为，磨刀不误砍柴工，立项会依然是产品流程中十分重要的一环，如果立项会没有开好，可能会影响接下来很多方面的工作。

立项会是一件大事。这里需要解释一下：立项会和需求评审会是两个会议。立项会在前，目的是要告诉大家我们要做一个什么事情，比如说我们要上一条大的产品线，或者我们要做一个培训的课程。需求评审会在后，是立项会通过之后，大家都知道要做这件事了，产品经理拿出一个具体的实施方案，大家一起来评审这个方案是否可行。

要想开好立项会，产品经理首先要去了解自己公司立项

的步骤。立项会有不同的级别，如果要上一条大的产品线，肯定就是公司级别的立项会；如果只是要在一个产品里增加某个功能，那可能就是某个部门级别的立项会。而且，不同的公司，对于项目和需求的定级也不一样。产品经理要了解清楚，在自己的公司，哪些项目、哪些内容、哪些需求在自己这个团队内部决定就可以了，哪些需要中层评审，哪些需要公司高层判断，不同的项目需要拉进来的人是不一样的。

比如，一家公司官网首页的修改，不仅仅是首页这个产品发生了变化，还意味着这家公司的整个品牌形象有了很大的改变。举个例子。一家图文公司原来的官网首页是文字版的，现在改成了视频版，这意味着这家公司下一步可能要发展视频，业内和整个资本市场对这家公司的定位就不一样了。

得到 App 刚做出来的时候，市面上非常流行音频，很多 App 都在品牌名字后面加一个 FM，某某 FM。当时有好几个投资人说，你们得到有很多音频，为什么不叫得到 FM？这是我们几个联合创始人特别抗拒的一件事，因为得到的精髓是学习，而不是音频，音频只是传播知识的一个手段，所以我们不想用 FM 来限制得到的发展。改不改名字，看上去只是一个很小的变化，实际上却意味着整个公司定位的变化，这不是一个产品经理所能决定和改变的事。产品经理如果想改品牌的名字，那么一定要拉上整个公司的高层来开会。

其次，产品经理还要提前想清楚，自己要做的这个产品功能到底是为了解决什么问题。你到底是要解决公司的营业额问题，还是要解决用户体验不佳的问题，还是要解决产品知名度不够的问题。而且，你要把自己的解决方案想清楚，在立项会上向大家说明。如果产品经理定义出来的解决方案有问题，各个部门又没有看出来，一个有漏洞的项目就可能拖垮一家公司。

举个极端的例子。某公司最近一个月内要把站内的下单量提升到 100 万单，产品经理为了完成这个目标，就决定给用户补贴，但是他只定义了每单给用户补贴多少钱，而忘了定义这个补贴的上限是多少。他没有想到，为了这个目标，公司到底要花多少钱，在立项会上也没有人指出这个问题。最后，这场补贴大战变成了一个无底洞，活活把公司拖垮了。

我还看到过一个网站，里面设置了不同的社区，比如家庭情感社区、工作社区，等等。每个社区都有用户积分，可以用来兑换东西。有一次，这个网站的两个社区同时做用户活动，在 A 社区发一个帖子能获得 100 积分，在 B 社区发一个帖子则能获得 1000 积分。两边的积分规则不一样，而商城的兑换能力是跟 A 社区匹配的。也就是说，如果用户都按照 A 社区的积分规则来玩，网站的运营成本才是可控的。然而，发现 B 社区可以拿到更多积分之后，用户纷纷到 B 社区去刷积分，然后疯狂地兑换东西。最后，这个网站的运营成本完全超出了可承受范围。

类似这样的问题，应该在立项会上就被解决掉。大家要充分评估方案的可行性，评估方案可能给公司带来的实际影响，然后才能判断是否立项。

再次，产品经理一定要提前跟各个部门做好沟通，了解各个部门的想法，以便最后在立项会上达成共识。

立项会涉及多个部门，产品经理作为统筹的角色，要综合法务、财务、人力、内容、运营等多方面的意见，形成立项报告。比较理想的情况是，其他各个部门对产品经理提出的需求比较支持，产品经理跟他们沟通完，对之后的立项会更有把握。但有的时候，在前期产品经理与某个部门交流的过程中，对方就提出反对意见，说这个项目不行，这种情况下，立项会还要不要开呢？

当然要开！

比如有一段时间，得到的会员业务线想推出一个“得到大会员”，如果用户买了这个“得到大会员”，就可以享受听书、电子书的全部资源，同时还可以享受课程和训练营的折扣福利。产品、运营、技术都觉得这个项目可行。但是在产品经理与财务交流的时候，财务提出，如果只从暂时的流水来看，这个项目的财务结果还不错，可长期来看，流水其实得不到提高。而且，这个项目包含的几个产品利润率差别很大，贸然合在一起的话，会导致利润率的腰斩，非常得不偿失。财务的考虑很有道理，产品经理也表示认可，决定放弃这个项目。在这样的情况下，我们还是开了立项会，因为产品经理跟财务的交流是一对一的简单交流，而立项会是为了让大家达成共识，无论做或不做，大家的认知要是一致的。

不论这个项目最终要不要做，只要之前大家已经知道了这个项目的存在，就要通过立项会告诉大家结果。立项会要同步大家不做这个项目的原因，比如这次是因为财务预算结果不理想，所以决定放弃，那么，等我们下次做产品的时候，就要重点考虑这些因素，避开这些坑。

此外，在立项会上，评审委员会还会和产品经理一起定义，最后要用什么样的指标来评判这个项目是否成功。比如你提出做一个分享功能，为的是拉到更多的新用户。最后项目做完了，你说虽然新用户的数量并没有增长，但是参与分享的老用户数量翻了五倍，这个项目很成功。这样评价项目是不行的，评价标准和所要达成的结果没有对上。在实际操作中，一个项目可能会涉及几千个数据指标。为了能够正确评价这个项目成功与否，避免项目结束之后大家对其评价不一致，在立项会上，产品经理和评审委员会就要定好用于评价的数据标准。

最后，在立项会上，评审委员会还会把这个项目的资源和人力分配好。每一个项目都有机会成本，同样的人员和资源，投入了 A 项目，就无法投入 B 项目，所以产品经理要做好充分的准备，向公司说明相比其他项目，自己的这个项目能给公司带来更高的收益，有更高的性价比。

立项会对于一个项目来说是十分重要的环节，在会上要判断项目的可行性，如果判断失误，让一个存在问题的项目轻易开始了，那么公司在日后一定会付出很大的代价。所以，产品经理一定要重视立项会，做好万全的准备，保证立项会开得切实有效。

此外，要想让产品顺利通过立项会，你前期掌握的所有数据和信息都要非常准确。这样，在立项会上你会更经得起挑战，这种挑战有时候是来自所有角色的。比如市场和营销的负责人可能会告诉你说，你对市场所做的情报收集是不准确的。如果是一个硬件产品，负责管控成本的人会说，你的成本预判不准确，肯定远高于这个数，从而你的售价定位就不准确，售价定位不准确，你的产品就卖不出去。这些都会影响到你的产品能否顺利通过立项会。情报收集得越准确，对产品定义得越细，你的产品通过立项会的概率就会越高。

如果产品经理提出的产品需求通过了立项会，一般情况下，大家会在立项会上确定产品的需求方案。产品经理接下来的工作，就是按照产品需求方案做出产品设计。大多数新人可能不会马上负责整个产品的设计，而是从设计一个模块、一个功能开始。那么，在设计功能时要注意什么呢？

产品经理应该如何设计好一个功能

转化：设计功能时必须有问题意识

· 快刀青衣

很多新手产品经理经常卡在功能转化这一步，即使了解了目标需求，设计功能方案时，还是经常一头雾水。对新人来说应该从哪儿入手？我见过对于产品经理的一个定义，觉得很准确：**产品经理是一个能够准确定义问题，并对问题提出有效解决方案的人。设计功能也是如此，需要产品经理从目前产品所面临的实际问题出发，具备真正解决问题的意识。**

举个例子。现在很多产品都有分享功能，而分享对于每个产品的作用是完全不一样的。如果你是专门负责公司分享功能的产品经理，要想把这个功能做好，你就必须考虑你做的每一个分享功能到底要解决什么问题。

如果你现在要做的分享功能，是为了让老用户觉得特别有成就感，你就可以做很多让用户分享的数据报告。像知乎、豆瓣、网易云音乐等，每到年底都会出年度报告，告诉你今年你在这个产品上花了多少时间、读了多少书、看了多少电影、听了多少歌，等等。这样用户就会觉得使用这个产品很有收获。

还有一个让老用户获得成就感的方式，比如用户今天在你这个平台读了一本书，你可以弹出一个弹窗，提示他，“你今晚又看了《×××》这本书××页，快去分享吧，让大家都知道你的优秀”，或者“这本书99.7%的人都没有看过，你真是慧眼识珠，快去把这本书推荐给没读过的小伙伴吧”。通过分享，可以让朋友圈里的人都看到自己在读书，这时候老用户的分享欲就会被激发。

关于这个分享功能，你要重点考虑的是，老用户在分享过程中的体验是不是爽，操作的过程是否流畅等。

如果你要做的分享功能是为了吸引新用户，这时你思考的重点就又变了。你不能只站在分享者，也就是老用户的角度去考虑，更要站在潜在用户的角度去考虑。你要思考分享出去的页面怎样才能吸引别人点进来，点进来之后如何转化，然后成为你的重度用户。比如，如果用户看了一本育儿方面的书，你让他分享的内容就不能是“你今晚又看了《×××》

这本书 ×× 页”了，而应该改为“孩子为什么总抢别人玩具”“孩子被别人欺负了，我们应该如何跟他沟通”。潜在用户点进来之后，发现这篇文字说得很好，然后你在下面设置一个链接，说明这篇文字出自哪本书，进入某某平台可以阅读全书，一个潜在用户就可能会注册成为你的新用户。

可以看出，目的不同，所做的动作也不同，所以在拿出方案之前，产品经理一定要想清楚自己要解决的问题，然后再进行下一步行动。

场景：心里时刻想着你的用户

· 快刀青衣

很多写产品经理的书里都会提到一个词：场景。有人把场景分为很多种，比如销售场景、用户场景、使用场景、设计场景等。而我认为，分类方式并不重要，**“场景”这个词的核心是在强调，作为产品经理，你要时时刻刻把用户放在心里。**这件事说起来容易，做起来难，该怎么才能真正做到呢？

最重要的一点是，你要理解什么是场景。举个简单的例子。大家看小说时，都会把自己代入到男主角、女主角的角色里。你会想：如果我面对他/她这样的情况，我应该怎么办？作为产品经理，你也要有这样的代入能力，要能充分感受用户在使用产品时所处的包括时间、地点在内的环境。你要想清楚这个产品或功能到底是为谁做的，用户是在什么场景下使用这个产品或功能，以及在这些场景下，用户可能会怎么思考、会做出什么决策。

比如说，现在非常流行周末短途出游，如果你要做一个周末游的 App，那么第一步你就要考虑清楚，这个 App 究竟是为哪些用户服务的。这些用户大致可以分为两种：一种是没有小孩的年轻人，你可以给这部分人推送露营、滑雪、攀岩、极限运动等内容，这些都在他们的考虑范围内；另一种是有孩子的家庭，给这部分人推送时，你就要考虑一些亲子相关的特点，像某个景点有没有儿童游乐区，某个餐厅有没有宝宝座椅等。你还要考虑家庭出游可能带着老人，所以不能有强体力运动，路不能太难走，酒店的床不能太硬，等等。

又比如，你是一个做盘子的产品经理，那么在正式生产之前，你就要想：这个盘子是装凉菜的，还是装热菜的，还是装汤的？是装荤菜的，还是装素菜的？我是要显得它格调特别高、特别古朴，还是要显得它简单大方？它到底是在西餐厅用的盘子，还是在中餐厅用的盘子？场景不一样，适用的盘子也不一样。

我上次跟朋友吃饭，发现一个盘子，乍看很普通，但是它的侧面有一个洞，手指头正好能伸进去。这样，盘子很容易就能被端起来了，非常方便。这就是一个用户场景——你要在桌子上挪盘子、端盘子，特别是要递给别人的时候，都希望能够非常方便地端送。

但是这个场景可能适用于西餐厅，中餐厅就不太合适。因为西餐的食物通常是牛排、炸薯条、意大利面等，你用手插入那个洞时不容易碰到食物；如果是汤汤水水比较多的中餐，菜汤很容易从那个洞流出来，而且你用手插进去时，也很容易碰到食物。

很难有完全一致的场景，因为场景不仅包括使用产品的地点，也包括使用产品的人等因素。同样一个盘子，孩子用和老人用，外国人用和中国人用，中产阶层用和普通工薪阶层用，都不一样。如果再加上时间的维度，又能分出好多种——早餐的盘子和午餐、晚餐、宵夜的盘子，也不一样。你如果想要做出受人欢迎的产品，就要把这些因素都考虑进来。

有人把“场景”叫“做产品的感觉”，也有人把“场景”叫“功能”，但叫什么并不重要，它本质上就是强调，作为产品经理，谁、在什么时间、在什么地点、怎么用这个产品、用的感觉怎么样、有没有解决他的问题，所有这些维度，你都要考虑进去，才有可能切实地解决用户的问题。

快刀青衣老师提醒我们，在产品领域，人们往往是在一个产品成功之后，给它套一个理论或者概念，至于它是否适用于其他产品，是否经得住更多实际工作的考验，没有人知道。所以建议你，与其埋头钻研各种各样的抽象的概念、理论，不如多考虑怎么才能站在用户的角度思考问题。

聚焦：在真实的场景中设置功能点

· 唐沐

在给自己的产品增加功能时，很多人仅仅考虑这个功能用户需不需要，只要用户需要，那就毫不犹豫地把它加上。其实，这样做出来的功能也许用户是无法使用的，因为产品经理并没有考虑用户的使用场景。我一直强调，在设置功能点的时候，我们一定要考虑场景。

比如第一代智能晾衣架出现的时候，产品经理想得很好，在手机 App 上一点，晾衣架就升上去了，再点一下，就降下来了，十分方便。但如果把它还原到具体的生活场景中，我们就会发现其中有很多令人尴尬的地方。我们捧着一盆洗好的衣服来到阳台，然后放下盆，四处去找手机，再把湿漉漉的手擦干，打开 App，点击按钮，衣架降下来，然后把衣服晾好，再打开 App，让衣架升上去。使用起来太麻烦了，哪怕你在衣架边上做一个实体的按键都比这个好。

像现在有的汽车后备厢，是可以通过感应来控制开关的。有时你手里搬着大东西，没办法用手去把后备厢打开。这时候你把脚抬起来，在车上指定的感应区域一扫，后备厢的盖子就能打开。你看，这样的设置就比较场景化，是能够在一个真实的场景下发生的。

重点：在使用者而非开发者的场景里考虑问题

· 快刀青衣

关于考虑使用场景这个问题，我有一个惨痛的教训。当时我还在搜狐工作，刚刚转岗做产品经理。我负责的是搜狐内部一个发新闻的系统，大概有 2000 个同事在用。这个系统非常老旧，一年多没有更新，交接给我的时候连一个交接文档都没有，是一个半废弃的状态。我花了六个月的时间进行整改，兴高采烈地把它上线了。当时我觉得相比旧版，这一版在审美上、功能上都提升了不少，肯定会有好多人来感谢我。但没想到上线第一天，就有大约几百个同事发邮件骂我，说我降低了整个公司的内部效率。当时有一个编辑同事说：

“我之前一天能发 300 条新闻，但是用了这个系统之后，一天只能发 200 条新闻。现在我的工作业绩都完不成，你们这些做产品、做技术的整天都在干什么？做出来的废物系统还没有之前的好用！”

我当时第一感觉就是失落，花了小半年时间琢磨出来的东西被这么多人骂，心里特别不舒服。但第二天我就想，我到底改了哪些东西，让大家有这么大的反应？于是，我找了好几个部门的朋友去聊，发现有一个细节我没有注意到，我把老系统里一个在我看来非常不起眼的功能按钮给砍掉了。

当时编辑们要发一条新闻，需要填选很多东西，比如主标题、副标题、关键词、作者、作者所在单位、标签——像是国内、体育、足球、科技、文化、娱乐等，完成之后下面才是这篇新闻的正文。最后有几个按钮，一个是“发布”，一个是“发布并进行下一篇”，还有一个是“发布并复制”。复制是什么意思呢？就是把除了标题和正文之外的其他元素，都复制到下一篇文章的发布页面里。一个编辑在发新闻的时候，可能连续发几十条都是与中国足球相关的，除了标题和正文不一样之外，其他要勾选的所有东西都是一样的，“发布并复制”这个按钮，意味着他不用重复选择这些选项。但是我把这个按钮砍掉，意味着他每发布一篇文章都要多点十几次鼠标。

我当时已经不做一线编辑好几年了，完全没理解那个场景，老版系统里那个按钮又做得特别不起眼，我以为是没人用，觉得把它砍掉之后整个页面就更加简洁了，谁知道它那么有用。这件事给我带来的教训是，一定要站到使用者的场景中去。之前不管是砍掉这个按钮，还是想让页面更加简洁，其实都是我的需求，而不是使用者的需求。他们的需求是更快、更好地完成工作——他们的工作就是一天发 300 条新闻，不管那个按钮多么难看，只要能帮他们完成工作，那就是一个好的设计。所以，产品经理要跳出自己的角色，站到用户的真实使用场景里去考虑他们的需求。

极致：做透用户体验 找到最优解

· 唐沐

刚入门的产品经理在做东西时很容易停留在“这个需求我做了”的层面上，我发现了这个需求，帮用户满足了这个需求，到此为止。但是好的产品经理知道，每一个需求实际上都有最佳答案。如果你比较偷懒，没有把用户体验做透，你就找不到它。但只要你花足够多的精力，并且具备相应的能力，就一定能找到最佳答案。

比如说，当年做小爱音箱的时候，需要给语音助手起一个类似苹果系统 Siri 那样的唤醒名字，那个名字，我起了三个多月。如果偷懒的话，直接叫“小米小米”就行了，但这总让人觉得没走心，而且没有太多亲切感在里面。我们想把小爱音箱的语音助手做成一个人的形象，让用户觉得自己是在跟一个有温度的人交流，而不是一个机器，这样会增加音箱的唤醒次数，也可以诞生一个新的 IP。后来又想过一堆名字，“小虾米”“小米粒”之类的，但我总觉得差点什么，雷总也觉得不够好。有一天，他给我下了最后通牒，说一周之内，你必须把名字想出来，想不出来就别回家。

从当时技术的角度考虑，四音节的唤醒词是最合适的，哪怕少一个音节，误唤醒率也会相对提高。但中国人的名字很少有四个字的，四个字很容易让人想到日本人。于是，我就想到了用“名字 + 称谓”。用什么称谓呢？同志？老师？都不好。“姐姐”“妹妹”“哥哥”“弟弟”这些又很别扭，因为有时候一家人都要叫这个音箱，你和你的爷爷都叫它“姐姐”，就很奇怪。最后我找到了“同学”这个称谓，所有人都可以跟它做同学。前面“小爱”的“爱”就是人工智能“AI”的拼音，这样一下子就通了。现在，“小爱同学”这个名字可能是全中国每天被呼唤次数最多的名字。

又比如说，当年 QQ 刚开始做会员服务的时候，用星星、月亮、太阳把会员分成了不同的等级，同时还有黄钻、绿钻、红钻，不同颜色的钻代表了不同的会员服务。如果没有把体验做透，那么我们可能就做到这步为止了。但是再往前想一步，人都有展示欲，都想在朋友面前展示自己是与众不同的，所以我们又在用户头像底下展示出他的钻石等级，让他的所有好友都知道他是个钻石会员。这个设计，使钻石会员业务曝光量剧增。

要做透体验，到这里还不够。为了引导用户成为我们的钻石会员，我们把用户还没有买的钻石也展示了出来，只是显示为灰色。于是，很多有强迫症的用户就会想办法把这些钻石全部点亮。我们还简化了开通流程，当用户点击某个灰色钻石的时候，就可以直接跳到购买链接。后来，腾讯所有业务都学会了这个方法，在各种有会员业务的地方，都会想办法加一个灰色的图像，吸引用户把它点亮。到这一步，才是钻石会员业务最极致的做法。

产品经理怎样才能开好需求讲述会和需求反诉会

· 快刀青衣

做好一个产品需要很多部门的配合，产品经理制定实施方案之后，要让相关部门都了解这个方案，就需要把技术、运营、设计、测试等各个部门召集起来开一个需求讲述会。在这个会上，产品经理要把自己想法的来源、做这个需求的目的、需要各个部门配合的事都告诉大家。之后大家各自回去消化研究，设计部门研究设计，技术部门研究技术，过一段时间之后再开需求反诉会，各个部门把自己对这个项目的理解讲给产品经理听，看看大家对这个项目的理解跟产品经理的初衷是否一致。

需求讲述会和需求反诉会的重要作用之一，是拉齐各个部门之间的认知，便于之后的分工协作。还有一个重要的作用是，各个部门有时候会发现一些产品经理没有想到的情况，需要产品经理重新调整方案。比如，产品经理提出一个需求，要给音频文件配上文字稿，但技术部门看了方案之后，发现产品经理只考虑了手机端的改版，没有考虑PC端和平板电脑端，或者产品经理只考虑了在日间模式下用户怎么看文字稿，没有考虑到夜间模式。

2010年前后，硅谷出现了好几个交互设计特别牛的产品，用起来特别顺畅，但是没过多久，那几个产品就死了。原因在于，产品经理设计交互功能的时候，没有考虑到后台的运算压力，导致软件经常处在卡死的状态。比如打开软件时有一个动画，不承载任何实际功能，只是为了美观，产品经理一拍脑门就加了，但是后台的运算能力不支持，导致一旦在弱网环境下打开这个软件，屏幕上就变成了一片白，手机被卡住不能动弹。如果技术人员能在需求反诉会上提出这个问题，就不会出现这么严重的后果了。

既然这两个会这么重要，怎么把它们开好呢？“汝果欲学诗，功夫在诗外”，**产品经理不能指望在这两个会上解决一切问题，而要学会在会议之前下功夫。**

就拿需求讲述会来说，在开需求讲述会之前，你就要把这个项目中最核心的几个人（包括但不限于研发的负责人、最核心的设计师、最核心的运营）拉进来，和你一起共同研究这个项目。比如，你可以跟研发的负责人说，现在有这么一个关于App分享功能的需求，你做了一套方案，里面可能存在三个技术难点，能不能帮你看一下它们能否实现，需要的时间分别是多长，如果时间太长，你就把这个需求砍掉。你也可以跟运营的负责人聊，我现在想要做这样一个功能，在推广上有没有什么困难。等这些核心人员都跟你达成一致后，你再召集所有人开会，在这种情况下，大家会觉得这个项目是自己从一开始就知道并且参与的，是自己的项目，也会愿意一起推动项目的实现。如果你之前没有跟各个部门的负责人聊过，而是在需求讲述会上直接拿出一个全新的方案，让大家去执行，那么大家很容易有抵触心理，觉得这是产品经理强制给他们派的一个工作，工作的积极性就不会很高。

在你跟各个部门的负责人都碰过之后，这个方案的可行性应该是没有什么问题了，这时候，需求讲述会的意义就是让更多的人知道这个方案，比如说技术的负责人已经详细地知道这件事了，来参加会议的还有 10 个程序员，那么这 10 个程序员看自己的领导已经知晓并认可这件事了，就会把具体的任务拆解一下，各自把自己的任务领走。

需求讲述会是产品经理经常参加的会议之一，其作用是为了让各个部门群策群力，各自从专业的角度审视产品方案，最大限度地减少产品方案的疏漏和差错。要想开好这个会，产品经理一定要提前跟其他部门做好沟通，不要到了开会时才让大家第一次看到这个方案。

如果你沟通到位，每个部门对这个项目就会非常熟悉，大家也会理解自己在这个项目中需要完成什么样的任务，那么需求反述会也会开得很顺利。

产品经理怎样才能让其他部门积极配合工作

体谅：说服其他部门配合工作的技巧

· 快刀青衣

对于产品经理来说，日常工作中一个重要的方面是跟各个部门沟通。但由于新手产品经理一般没有职权，和开发、设计、测试、运营等也不是上下级关系，有时协作者不愿配合，项目推动困难，应该怎么办呢？

实际上，其他部门不配合，并不代表他们对你要推的这个产品或功能不认可，而是因为他们不清楚你推的项目和他们有什么关系，或者对他们有什么好处，产品经理需要把这个东西外露出来。一个产品经理永远不能跟别人说，你来配合我做这些吧，这个产品或这个功能是我主导的。产品经理推动事情，必须站在别人的角度上去思考，想办法让其他人和自己站在一条船上，因为任何项目的目标都不是单一的。

比如我要迭代“分享”这个功能，目标是让用户体验更好，同时，说不定因为体验更好，用户数量也会增加。那你在跟运营沟通的时候，就要告诉他，这个项目可以使分享的人数增加，我们就可以触达更多的用户，愿意付费的用户数可能就会大大增加。做这个功能之前只有100万人分享，之后可能会有500万人分享，而我们的转化率是2%，也就是说，增加的400万人里有8万人愿意为这个项目付费，你说运营做不做？他当然愿意做，甚至可能会说，能不能把其他工作排后面，优先做这个项目？如果开发资源不够的话，他可能还会帮你争取资源。

曾经有段时间，我们公司在做火山引擎的引入，它的功能是让后台运算更有效率，数据分析更加准确。这是一个对技术部门十分有帮助的项目。负责这个项目的产品经理不仅向技术部门说清楚了它的好处，也跟运营部门的负责人说明了引进火山引擎对我们的帮助。比如，我们可以做很多标签，“喜欢刘擎老师”“学过‘沟通的方法’这门课”“买过听书会员”“关注陈海贤老师”等，这样，将来我们想找到某一类的用户会更加方便。而且，有了火山引擎之后，我们还可以给不同的用户推送更加个性化的内容。比如，你上周特别喜欢的一本书还有10%没看完，你今天一打开App，弹窗就会提醒你要不要先把它看完。这样，针对每个用户的服务会变得更加精准。结果，他的一番说明真的激起了运营部门的工作热情，介入并促成了火山引擎的引入。相反，如果产品经理不会沟通，那么运营部门就不会介入，这件事的周期就会拖得很长。

同样的项目，如果要说服技术配合你，你就得跟他说，其他公司的技术做出来的分享功能只要两步，我们要五步，别人分享出来只需要三秒钟，我们要八秒钟，是不是可以优化一下？做技术的人都比较有胜负欲，他一听你这么说，会觉得这不行，这说明我比其他公司的技术差，这个忍不了。用这种方式跟技术说就容易说通。

此外，如果你做的这个功能会对公司的品牌价值产生影响，整个产品的好评度也会提高，甚至影响到公司的市值，你就可以去跟 CEO 沟通，争取到他的支持，帮助你一起协调各个部门的工作。

总之，产品经理不能高高在上地要求其他部门配合你的工作，而是要站在其他部门的立场上，寻找这个项目对其他部门的意义，这样才能让你的目标，变成你和其他部门共同的目标。

沟通：产品经理和程序员的矛盾来自何处

· 邱岳

在互联网行业，很多人会觉得，产品经理和程序员是宿敌。为什么他们之间会有这么大的矛盾？

原因之一是产品经理和程序员的角色不一样，并且对对方的工作难度缺乏了解。产品经理考虑的是我要做什么样的需求，我为什么要做这样的需求，而程序员考虑的是怎样把一个既定的方案实现出来。产品经理要拿出一个方案，需要做很多市场调研、用户分析，以及很多界面交互设计和业务逻辑梳理的工作，是非常辛苦的，但这种辛苦有时候程序员并不了解。而程序员要实现一个需求，既要保证服务器安全，又要保证系统架构的设计，还要写代码，搞测试，等等，这种工作的复杂程度，产品经理有时候也并不能完全体会。

原因之二是两者的信息不对称。产品经理拿出产品方案之后，有时候免不了对方案进行修改，他自己十分清楚为什么要做这些修改，有时候是因为公司的方向调整，有时候是因为发现了一个之前没发现的问题，但是他并没有把这些信息及时同步给程序员，程序员就会觉得产品经理反复无常，天天变更需求。网上曾经有这么一个段子：程序员坐在楼顶要跳楼，底下很多人在劝，程序员在楼上喊：产品经理你不准再变更需求了，你要立字据！

要想解决这个问题，产品经理和程序员两边都要加强理解和沟通。对于产品经理来说，一方面，你最好能够去学习一些与研发有关的知识，甚至尝试着自己去写代码，这样你在做产品设计的时候，就能够估计自己的这个方案会给程序员带来多大的工作量，能够明白程序员的辛苦。另一方面，产品经理要及时跟程序员同步信息，特别是在前期产品设计的过程中，产品经理要让程序员早点参与进来，主动跟程序员说说业务是怎么回事，让程序员觉得这个项目也是自己的项目，而不是简单地把程序员当作一个工具。

◎产品上线

前面我们详细地了解了如何进行产品设计，但行百里者半九十，产品设计只是产品的“孕育”阶段，如何让这个产品顺利上线才是真正的考验。

作为产品经理，顺利完成这“临门一脚”是产品成功的关键。你可能会想，产品上线不就是把做好的产品发布出去，能有多难？但你要知道，产品上线时，你需要公司各个部门的配合——有不少产品就是在这个阶段被喊停或者出现问题的。如果这时候考虑得不够周全，稍有不慎，你可能就落得个信心满满出门去，灰头土脸爬回来。

产品经理怎样保证产品顺利上线

阻碍：一个不属于产品团队的人喊停了我的项目

· 快刀青衣

很多新手产品经理在工作中有这样一个误区：一心只想着做一个好功能，集中精力把它做上线，但眼界没有打开，只从自己的立场出发考虑产品，没有更多地从公司内部其他的视角考虑。临到产品上线时，这个功能遭到来自法务、财务或公关等部门的否定，最终导致上线失败。

比如，得到 App 最早的订阅专栏是日更专栏，但日更专栏会带来一个非常大的问题，就是让后台财务系统的计费规则非常复杂。

举个例子。一个用户订阅了一个日更专栏，从当年的 1 月 1 日订到 12 月 31 日，付费 199 元，但如果他不是 1 月 1 日那天买的，而是一年中的任何一天，像是 3 月 1 日或 5 月 13 日，他一样付了 199 元，但对于得到后台财务系统来说，每一天都意味着一个不同的计费规则。

因为按照我们的财务系统，日更专栏需要按天计费。如果用户是 3 月 1 日买的，3 月 1 日到 12 月 31 日有 306 天，每一天得到后台收到的钱就是 199 ÷ 306，大概六毛五一天；而如果他是 12 月 1 日买的，从 12 月 1 日到 12 月 31 日有 31 天，每一天得到后台收到的钱就是 199 ÷ 31，大概六块四一天。以此类推，每一个订单都要进行单独的计算和确认。而且出于财务规定，每天确认的钱还不能立刻用，需要放到一个单独的池子里。

我设计产品的时候完全不知道存在这么复杂的财务规则，结果弄得财务系统运算量极大，还出现了各种各样的技术问题。直到财务的负责人找我聊，我才知道我给公司的收入模式造成了这么大的困扰。

后来，我们下大力气解决了财务系统和计费的问题。这个项目整体花费了比较多的时间，其中一个主要原因就是我早期的产品逻辑问题，导致积压了很多技术负债。

同样，产品经理也要从法务的角度多加考虑，比如产品里展示了其他公司官网的页面，这算不算侵权？抓取什么样的信息算侵权？很多产品经理考虑的只是我给用户提供这些东西好不好，但是没考虑有没有法律上的风险，产品的商业模式是否允许，公司的后台系统是否支持，会不会产生公关方面的危机……如果他没有把各个方面都考虑到，产品就很容易在临近上线的时候被喊停；即使没有在这个阶段被喊停，以后也会在市场上出现大的问题。

快刀青衣老师告诉我们，还有一种情况，一个目标非常单一的产品也容易被领导喊停，这与法务、财务等职能部门没有关系，而与业务的当前目标和长远目标有关，具体请看“进阶通道”这一章的“权衡：对伤害核心目标的项目喊停”。

如何避免产品刚上线就变成一场灾难

关键：产品上线时一定要留有灰度

· 快刀青衣

产品在内部通过测评之后，下一个重要环节就是发布产品——对于软件产品来说，就是让这个新产品（或新版本）上线；对于硬件产品来说，就是把它推向市场。

产品发布时，最容易出现的问题是，产品经理突然发现在做产品设计时没有把场景考虑全。比如你做了一个 App 的新版本，其中“点赞”只做了手机版，没有做电脑版，上线时发现电脑版的用户用不了这个功能；或者你只考虑了年卡用户，没有考虑月卡用户；只考虑了安卓用户，没有考虑苹果用户；等等。

就拿企业微信来说，现在特别多的公司在用企业微信群、企业微信客服，如果企业微信某天要更新一个功能：当某个员工离职时，接任他的人可以继承他的客户关系，那么，负责这个功能的产品经理就要考虑各种各样的场景。比如，要是允许员工离职时别人继承他的客户，那他在职时，别人可不可以继承他的客户？或者一个在职的人换部门了，他的客户怎么办？不成熟的产品经理就很容易想不齐全所有的场景，而这在上线的时候就会变成一个灾难。

为了最大限度地防止这种情况出现，产品在上线时一定要留有灰度。灰度指的是选择一部分用户，帮他们的产品先做升级，比如你可以先选择 10% 的用户去发布新版本，看看有没有问题。如果没有人反馈问题，你可以考虑是不是样本量太小，再灰度 20% 看看。可能这 20% 里会有 20 个人反馈闪退、打不开等运行不畅的问题，这时候你可以马上把新版本撤回来，修复这些问题之后再继续灰度。如果一开始就把所有用户的产品都升级了，出了问题就不好解决了。

上线是产品经理完成一项产品需求的最后一道考验，要想通过这道考验并不简单，除了留有灰度之外，邱岳老师还提醒我们，在上线之前，产品经理要把涉及的人员考虑全面，让大家都做好上线的准备。

知情：确保上线计划对相关部门同步到位

· 邱岳

一个失败的产品发布通常问题出在“有人不知道”，也就是相关方对发布的范围或时间不知情。产品发布涉及的人员非常多，其中有几个关键的相关方必须要知情。

首先，技术的相关人员要知情。这里不仅指开发这个项目的技术人员需要知情，你还要考虑这个项目有没有依赖什么外部服务，外部服务的接口人是否清楚这次发布，这次发布有没有借用别人的服务器，是否会对服务器上的其他服务造成冲击，等等。如果依赖别人的接口或者服务，甚至是业务刚上线时用了别人的服务器，结果发布计划没提前告诉对方，发布时流量突然增加，可能会让别人的服务或服务器陷入瘫痪。

其次，客户服务部门要知情。产品经理要考虑这次更新对用户有什么样的影响，客服是否清楚这次发布，对于用户可能存在的疑问，客服是否已经准备好了解释和解决的方法。

最后，财务、法务和公关部门要知情。产品经理要考虑这次发布是否跟钱相关，财务和法务是否清楚这次发布，这次发布是否会带来负面影响，公关部门是否需要做好准备。比如说，你做的是一个平台产品，很多人对你的平台依赖性很强，如果有一天你突然改变了佣金收取的方式，增加他们卖货的限制等，自然就有商家不满意。可能你第一天发布了产品，第二天就会有人到门口举着大横幅闹事，甚至做出一些过激的行为。这种情况在互联网的历史上出现过很多次，作为产品经理，你要提前做好沟通，协同法务和公关做好准备。

如果你把这些该通知的部门都通知到了，产品顺利上线的概率就会比较大了。

邱岳老师还给我们补充了一个知识，那就是产品上线成功的标准是什么。他认为，一个产品上线是否成功，主要是看产品中涉及的主要场景、主要逻辑，是否都能够顺利地运行。

邱岳老师提到，他所在的公司曾经发布过一个在线问诊类的产品。对于这类产品，可以设想几个角色：

第一个角色是医生，医生用这个产品时，遇到的第一个场景是，他收到了用户提出的问题，然后拒绝了用户的提问，这个过程是通畅的；第二个场景是，他收到了用户的提问，并选择回答用户的提问，用户非常满意。第二个角色是患者，他遇到的第一个场景是，他向一位医生提问，医生给了他满意的回答；第二个场景是，他向一位医生提问，医生给的回答他不满意，然后在评价医生的时候选择了“不满意”；第三个场景是，他有疑问，但是不知道问哪个医生比较合适，系统向他推荐了合适的医生……你把这些主要的逻辑、主要的场景都走一遍，然后发现没有什么问题，和你预期的一样，再看一下流量如何，看一下有没有报错，数据是否正常，如果这几个方面都正常，那就算是发布成功了。

上线之后如何维护产品口碑

· 唐沐

我在小米工作的时候，每周一到周五的早中晚都会上一下微博。很多小米的用户都会通过微博跟我交流。我会看看他们在使用产品的过程中遇到了哪些问题，并辨别它们是否是真问题。如果是真问题，一定要马上解决，不能敷衍了事。

我们在日常生活中都遇到过这样的场景，使用一个产品觉得不好用或者不知道怎么用，就去找客服，得到的答复经常是这样的："您的问题已经收到，我们非常重视，稍晚会有人专门联系您。"这种回答就像"自动回复"一样，话说得非常周全，但难以让你相信他会真的给你解决问题，你会觉得客服不懂业务，说来说去都是在敷衍。

而我的做法是，少用这种"自动回复"式的客套话，真真切切地去了解用户的问题。如果有用户提出问题，我会给他留言，"你能不能具体讲一下你当时遇到的情况，把产品的版本号拍照发给我，并描述一下当时的使用环境，我们马上安排人分析，在 12 小时之内会给您回复”。这样给人的感受就是不一样的。更重要的是，我并不只是换一种表达方式，而是要真的去给他解决这个问题。

曾经有一个用户，使用我们的路由器时出了问题，就直接发消息给雷总说：“你们做产品忘记了初心。”她是行业内的重量级人物，曾经发过一篇文章，使一家上市企业遭遇重大危机。所以雷总很紧张，马上转发信息给我，让我去处理这件事。我带着两个工程师去了这位用户家，一检修发现，根本不是路由器的问题，而是运营商给她的“猫”[1] 出了问题。我把“猫”重新拔插了一下，问题就解决了。跟她讲了这个情况之后，她特别不好意思，说，看来是错怪你们了。我说没事，问题解决了就好。后来大家就变成朋友了，她家里有什么事，我都直接安排人去帮忙。

这看似是一个很小的问题，但如果你不去解决的话，问题就会越酿越大。用户不会管到底是哪里出了问题，他可能也不懂里面的机关，只是觉得既然用的是小米路由器，而且上不了网，你就要给他解决。这件事如果在网上传播开，网友也不会站在你这头分析到底是哪里的问题，只会觉得小米路由器不好用。

1. 即调制解调器。

当然，有时候你也会遇到一些蛮不讲理的用户。我之前就遇到过这样一件事，有个用户是某县城的牙医，经常在网上抱怨我们的路由器不好用，总是断网，信号也只有一格。我一直也想不明白是为什么，因为只有他一个人有这个问题，这不是一个共性问题。我就很耐心地问他具体情况，甚至让他把他家的户型图发给我，看到户型图，我才明白是怎么回事。他家和他的牙医诊所中间隔着一条马路。他把路由器放在家里，到了牙医诊所，他还想用家里的路由器，然后他说这路由器信号太差了——这就很无理。我开玩笑地跟他讲："哥，你的房子太大了，中间还隔着一条街，你用我们的路由器信号不好，换其他品牌的路由器效果也是一样的。"他说："那不行，我还买了你们的信号放大器，也没用。"

我们当时确实做了一个售价 39 元的信号放大器，但是必须把它放在路由器信号覆盖的范围内，它才能增强附近地区的信号，而这个用户是在自己的牙医诊所里用信号放大器，诊所已经不在路由器的覆盖范围内了，所以肯定没用。我把道理讲给他听，他不听，一直聊到最后，他说出了他的诉求，要我赠送给他一个新发布的售价 699 元的路由器，这就属于胡搅蛮缠了。于是我就不再理这个人了，从此之后，整个世界都清静了。

用户提出的问题有真问题和伪问题之分，在跟用户交流

的过程中，我们要过滤掉那些伪问题，而对于真问题要少用“自动回复”，让用户觉得你在认真帮他排忧解难，这样不但能积累良好的口碑，而且能通过用户的真实反馈找出产品需要改进的地方，便于日后迭代。

上线之后，产品经理还有一个重要的工作，那就是密切监测用户数据，来验证自己做的工作是否有效。

比如，你一开始做这个方案的目的是提升用户数量，那么在这个方案上线之后，你就要密切观测用户数量的变化。如果这个方案上线之前用户数量是2000，上线两周之后用户数量还是2000，或者只有非常小的改变，变成了2020，那说明这个方案基本上没什么用；但如果一周之内用户数量变成了3000，又过了一周变成了3800，那么这个功能就是有效的。就这样不停地试错，经过一段时间的积累，你就会知道什么样的方案能够解决什么样的问题。

另外，你还要去了解，面对同样的问题时，其他公司做了哪些尝试，这些尝试最后的结果如何，是成功了还是失败了，有哪些可以借鉴的地方。长此以往，你的视野会拓宽，产品能力也会得到提升。

项目结束之后如何复盘

· 快刀青衣

一个项目结束后，产品经理要针对这个项目做一个整体的复盘，不断发现其中的问题，再去做提升迭代。

我觉得一个成功的复盘应该分为两步：**第一步，看你的项目或产品目标有没有完成，有没有具体的数据支撑。**

比如，得到 App 有一个教务系统，现在要做一个项目，提升这个系统分班的效率。一开始产品经理定的目标是，分班时间要从 20 分钟降到 5 分钟。现在项目做完了，产品经理发现分班时间从 20 分钟降到了 10 分钟，原来的目标并没有达成。这是复盘的第一步，得出结论。

复盘的第二步是找出下一步迭代的方向。

拿上面的例子来说，下一步迭代的方向就是，如何让教务系统分班的时间从 10 分钟降低到 5 分钟。又比如说，你的项目最开始设置了三个目标，通过复盘发现两个目标完成了，一个目标没有完成，那么你下一步就应该瞄准那个没有完成的目标，并推出几个迭代的方案。

做产品就是一个不断迭代的过程，复盘的最终目的一定是指向接下来的改进方案。

CHAPTER 3

第三章

进阶通道

现在，我们的职业预演之旅来到了“进阶通道”部分。做产品经理五六年之后，你有可能已经晋升为高级产品经理或者产品总监，负责更高级别的产品工作。

你或许会疑惑，领导为什么会提拔你呢？实际上，很少有人因为做对一件事就获得晋升，产品经理也不例外。他们通常是靠持续地做正确的事，并在这个过程中不断展示自己的能力和见识，才能收获他人的肯定。

举个最简单的例子。比如你的主管一共管了40个产品经理，每周看大家的周报时，他发现你的周报表达准确、排版美观，而你平时做事也比较踏实，那么当业务发展、他需要挑一个新人来接手时，他自然而然地就会想到你。

细节决定成败。如果你的领导给所有的人都安排任务，但只有你在任务完成之后会向他汇报说，这事我做完了，情况是怎么样的，我预期怎么样，达成了或者没达成，你就有可能超过90%的同事了。

新手产品经理一般仅负责一些具体的功能，解决一些具体的问题。当你进入高级产品经理阶段，你一般要开始带领一个团队，负责产品或功能从0到1的研发设计。

相比新手产品经理，高级产品经理最核心的是要具备产品架构能力——不仅要关注产品的某个具体功能，还要掌握产品的商业模式、市场定位、用户模型等。除了懂产品，高级产品经理还要能够洞察未来业务的发展趋势，能够预测这个行业1～2年内的走势。

在"进阶通道"这一部分，让我们来具体看一下，要做一名优秀的高级产品经理，你需要具备哪些业务能力和管理能力。

怎样从无到有做好一个新产品

诞生：新产品是在旧资源的基础上生长出来的

· 唐沐

在起步做新产品的时候，很多人有一个误解，认为只要自己有一个好的想法，洞察到了人们的一个需求，就可以做出好产品。事实上这是行不通的。

这方面我曾有过年少轻狂的故事。我是20世纪90年代上大学的。有一次学校里举办了一个大学生创业大赛，我做了一个项目计划书叫蜂鸟送餐，跟后来的美团外卖、饿了么想法挺类似。当时我把整个项目的计划书都写了出来，在大赛上还得了奖。但到了具体落地的时候，我发现它根本做不成，因为那个年代的互联网不像现在这么发达。饭店虽然有很多，但是都没有准备好要给吃饭的人送餐上门，用户也没有为送餐这事付费的习惯，更没有资本愿意去扶持这个项目。所以这个项目就没开始。直到20年后，各方面条件都渐渐成熟，这类业务的时间窗口才终于到来。

所以我有时在微博上收到网友私信，说他有一个好的想法，需要 100 万美金，我就不知道该如何回复。因为我深深地了解，他的那个想法仅仅停留在想法的层面上。提出一个新的创意不叫创新，时机成熟时有资源能把这个创意落地，才叫创新。

所以**好的产品都不是一个平地起高楼的事儿，而是需要内容、技术、商业模式等各方面的准备。等各方面都成熟了，这个产品才有可能成功。**

就拿我做的小爱音箱来说，它就是各方面条件一步步积累的结果。小爱音箱最早可以追溯到我在腾讯最后两年做的硬件小 Q 机器人。当时腾讯有很多内容，有音乐，有 QQ 软件，有企鹅的这个公仔形象，等等，我就想做一个毛绒公仔样式的音箱，通过它把腾讯的所有产品整合起来。由于种种原因，这个硬件没有做成，但它成了日后小爱音箱最遥远的雏形。

2013 年去了小米之后，我先做了路由器，然后做了 VR，这时候亚马逊推出了一款智能音箱，可以跟人用语音交流信息，我才知道语音交互这个技术当时已经非常成熟了。我联想到之前做过小 Q 机器人的事情，又发现相比亚马逊，当时的小米有一个非常显著的优势，就是小米出了很多米家产品，这些产品已经被连接在统一的 IOT 平台上，如果做一款音箱，就可以让用户通过语音向这些产品发布指令。

想到这些之后，我又盘了一下手里的资源，觉得我还可以回腾讯把QQ音乐谈下来，植入到小爱音箱中，因为毕竟对于QQ音乐来说，智能音箱也是个重要的客户终端，需要占领。这样，小爱音箱就可以成为一个既能放音乐，又能控制家用电器的智能设备。盘点了这些资源之后，那几天我非常兴奋，感觉一个新产品呼之欲出。最后，我们调集了各方资源，在小米多个部门的配合下，把小爱音箱做了出来。

新产品的研发是一个长期的过程，不是一时拍脑袋就能决定的。就像人们说的，毕加索的画为什么那么贵？因为他的每幅画中都包含了他之前长时间的训练，以及他整个的人生经历。一个新产品诞生的过程也是这样。

瞄准：找到产品的种子用户

· 唐沐

一个新产品上市之后，如何找到第一批用户？这是一个非常严峻的问题。有人认为可以通过加大广告投放、增强运营力度来获取用户，这自然是一个通用的方法。但这个方法的问题是，它把所有的用户都看成无差别的，忽略了其中一些可以为产品推广起到关键性作用的用户。要想让自己的产品在短时间内被更多人熟知，一定要找到它的种子用户。

种子用户有两个特征：第一，他们愿意尝试新鲜事物，对这个类型的产品有需求、有热情；第二，他们愿意参与到产品的共建中来，愿意向别人介绍产品。有了种子用户之后，剩下的产品推广就容易得多了。比如腾讯通过 QQ 这个软件积累了自己的种子用户，后来再推出类似 QQ 音乐、游戏等产品时就十分简单，我们当时说“插根扁担都开花”。

在做小米手机系统（MIUI）时，雷总下达了一个指标：不花钱，将 MIUI 做到 100 万用户。那时候的手机发烧友主要聚集在论坛里，当时主管 MIUI 和市场团队的黎万强就带领几个人注册了上百个账户，天天在手机论坛发帖、互动，最终精心挑选了 100 位超级用户，除了工程代码编写部分，其他产品需求、测试和发布，都开放给用户参与，并为这 100 人拍摄宣传片。借助这 100 人的口碑传播，MIUI 实现了口碑炸裂式的推广。

需要注意的是，**在寻找产品的种子用户时，一定要把握住种子用户的最根本特征。**比如小米手机的种子用户一定是手机的发烧友，而且由于小米的定位，它的种子用户一定是追求性价比的那一群发烧友。

我从小米出来做智能家居的时候，心想，我微博有100万粉丝，这里面肯定有高端用户，所以我一开始是想在这群人里寻找我的种子用户的。但没想到，当我在微博上发布我的产品时，底下的评论都是，“唐总，你竟然做了这么贵的产品，你忘记了你的初心！”这时我才突然明白，这些粉丝都是我在小米期间积攒起来的，所以他们是一群性价比发烧友，这跟我的新产品所对应的人群属性是有错位的；就算我微博的粉丝里有几个能够接受高端产品的人，裹挟在那些“声讨”我的网友中，他们也不敢发声。于是我立刻调整策略，找类似图森全屋定制、尚层别墅装饰、者尼私人影院这类企业合作。虽然它们一年服务的客户也就一两千个，但客户的消费单值都在大几十万元到过百万元之间，那么我服务好这些客户，他们就是我的种子用户。

找到准确的种子用户十分重要，哪怕你做的这个产品很小众——中国任何一个小众群体都是千万级别的——只要你把握好种子用户最典型的特征，让他们帮你树立起口碑，你也可以做出一个十分成功的产品。

布局：找到适合自己产品的商业模式

· 唐沐

在做产品的过程中，有时候我们已经把能够改进的功能全部做到极致了，但是仍然满足不了一部分用户的需求。很多产品经理就会茫然无措，不知道应该怎么解决。这时候，产品总监就不能只考虑功能或业务，而是要从一个更高的层面考虑，想想是不是商业模式制约了产品的发展。

商业模式包括很多内容，简单地说，主要指的是一个产品的盈利模式。比如说，快递公司通过送快递这个服务挣钱，网络公司通过流量挣钱，阿里巴巴通过电商挣钱等，这些都是商业模式。

我到小米之后，把以前在腾讯十年的用户体验经验用在变革智能硬件上，将很多硬件的使用门槛降到最低，提高了这些硬件的用户体验，但到最后，我发现还是有50%的问题是我无论如何都解决不了的，而这些问题在小米的商业模式之下似乎也是不可能解决的。

比如小爱音箱已经卖到千万台之后，我觉得我妈应该喜欢这个东西，就给她寄了一台过去。但是一台新的小爱音箱需要用手机蓝牙连接一下，然后绑定账号做一个初始化。这个过程我已经竭尽全力做得很简单了，但我妈还是不会操作。

我只能给她打电话，一步一步地告诉她怎么做，结果花了一个多小时，她还是没有把音箱设置好。可以想见，这种情况肯定不止一例。只有上门服务才能解决这个问题，但是小米的定价方式没有给服务商上门服务留出溢价空间，所以这个问题始终存在。

又比如，我做的小米路由器，设置只需要三步，但肯定还是有人不会设置，而且就算设置成功，每个家庭在上网的过程中也可能会遇到五花八门的问题，比如天热的时候南方的路由器就会过热，容易死机掉线，还有的家庭由于房子结构的问题，某个房间信号强，另一个房间没有信号，等等。你不可能出一个无限详尽的文档把这些问题都列上去，然后让用户一条一条去对照解决。小米路由器的定价不到 100 元，它在这个定价内只能达到这样的水平。

如果我做一个新品牌的路由器，你买了之后有师傅给你上门安装，让你全屋的 Wi-Fi 信号都很强，而且不会出现时断时续的情况，别人破解你 Wi-Fi 密码的难度特别大，出现问题你可以随时给售后打电话，维修师傅一定会在 24 小时内上门服务，那么，即使这款路由器定价 1000 元，也会有不少购买者。因为路由器这个东西大家每天都要用，而且 Wi-Fi 质量对现代人生活的幸福感影响很大，所以会有一部分人愿意花钱去买一个更好的服务。这是整个商业模式转变才能达到的效果，单靠产品本身无法解决。

如果商业模式找得不准的话，很可能会导致你对产品各个功能、各个维度的定位不准，比如定价、渠道等维度。我在做全屋智能的时候，一开始也定了一个性价比高的价格，但很快我就发现这个定价根本不行。

这个价格是按照小米的定价策略定的。小米的商业模式是线上直销，不存在中间商赚差价，当然也会尽量降低线下服务成本。但是全屋智能产品没有办法在线上销售，让用户自己回家装，必须有中间商。中间商需要线下开店，开店需要请人，需要装修，这些成本最后都会加在我产品的成本里。而且全屋智能瞄准的是高端用户，这些用户不在乎中间商赚的差价，他们愿意为中间各个环节提供的服务买单。

高端用户、线下销售、注重服务，这与小米的商业模式完全不一样，所以我不能按照小米的定价策略进行定价。

所以，产品经理不能只定义好一个产品，而要对整个商业模式都做好定义，找到正确的商业模式之后，产品才可能更符合市场和用户的需求。

闭环：不要让用户问“然后呢”

· 唐沐

产品经理在定义一个产品的时候要为它设置功能框架。**好的功能框架有两个标准：第一，解决问题；第二，最小闭环。**

一开始做一个产品，你要快速搭建出一个最小的闭环。对于小爱音箱来说，就是能够语音点歌；对于微信来说，就是能够收发信息。

很多人现在都在研究，为什么我的产品在使用一段时间之后用户就流失了。我觉得原因之一就是没有做到闭环，用户不知道你这个产品到底能为他解决什么问题，就会很快抛弃这个产品。

闭环指的是，你发现了一个用户的痛点，然后你做了一个产品，给出一个好的解决方法，最后解决了这个痛点。拿小爱音箱来说，你在寂寞的时候想听首歌，对小爱音箱说：“小爱同学，放一首歌。”然后，你就会听到它放的歌，痛点得以解决。

这样说起来好像很容易，但实际上，很多产品做不到这一点。很多产品经理完成的只是“发现了用户的痛点—通知用户你有这个痛点”，最后没有解决问题。

那么怎么判断产品有没有闭环？我的一个方法是，只要用户用了这个产品之后还在问“然后呢”，这个产品就没有闭环。

比如说，你要做一个帮助人们净化空气的产品。于是，你做出了一个检测空气质量的传感器。它可以贴在墙上，随时监测空气质量，告诉你环境里 PM2.5 的值是多少。如果仅仅做了这一步，那么你可能就没有完成闭环，因为这个东西只告诉用户空气污染有多严重，提示他自己生活在一个多么恶劣的环境里，但没有给出任何解决的方法。用户在看到数据之后就会问，“然后呢”。

如果要把这个产品闭环，就应该把这个传感器和一个空气净化器做连接。传感器先是告诉用户他周围的空气污染多么严重，然后用户打开空气净化器，一个小时或者三十分钟后，空气被净化了，传感器再告诉用户，现在他周围空气里 PM2.5 的值比之前降低了多少。这就是给出了解决方法，整个产品就闭环了。

只要这个闭环能够形成，产品就可以先上线，然后你再花两个月迭代出下一个版本。如果下一个版本被验证得不错，你再花三四个月，把它迭代得更丰富、完整，增加其他的附加功能。这样，你一步一步地投入更多精力、更多资源，最后打造出一个成功的产品。

但现在很多产品经理有一个误区，他们做原型、做规划，只是为了做而做，不是为了上线。他们把原型做得非常精美，但没有考虑它的实现成本和市场机会。同样一个产品，你如果在设计原型上多花了一个星期时间，就可能错过市场机会；如果前期你把框架做得稍微简单一点，但能提前一个星期上线，也许就可以对产品的成败起到决定性的影响。

比如说，所有的公司都想从 A 点到达 B 点，第一个公司要花三年的时间先造一辆汽车，然后再出发，第二个公司选择先出发，没有交通工具就先步行，可能步行一段时间发现了一辆滑板车，接着又把滑板车卖了，凑钱买了一辆摩托车。那么，第二个公司肯定比第一个公司有优势，因为前面的时间不会白费，它一直都在市场上验证机会。这比前三年时间都没有出发要好得多。

体验：用户体验始于听到产品的那一刻

· 唐沐

传统的观点认为，用户体验指的是用户在使用产品过程中产生的所有感受。就拿小爱音箱来说，用户在发出指令“小爱同学，放一首歌”后，小爱音箱是否能够准确识别指令，并且迅速启动放歌流程，放出的歌曲是否清晰，这些当然都属于用户体验。但要做好一款产品，仅仅注意用户使用过程中的体验是远远不够的，用户体验应该从他们第一次听到或者看到产品的时候就开始了。

我认为，**完整的用户体验应该包括"对产品的第一观感—接触产品—购买过程—开箱引导—产品使用—产品售后"这样一整个体验链条，甚至"扔掉"也是用户体验。**

比如说，我现在在做如影智能家居，我的用户第一次知道这个产品很可能是在经销商那里。经销商的店铺各式各样，有的装修得十分简单，有的可能摆一个柜台就开始卖货。如果用户是在这样的环境中接触我的产品，他们就很难相信这个智能家居产品是一个非常高端的产品，对产品的第一印象就会很不好，更不会花很贵的价钱去买这个产品。所以我现在就在做标准的展板，以及经销商店铺的一些装潢，把这些东西用工厂统一输出，经销商拿到以后，只要装在墙上就可以了。

又比如说开箱体验，很多人觉得，不就是把产品的箱子打开吗，能有什么讲究？但是苹果的开箱体验就做到了极致。苹果早期的产品习惯用天地盖，就是上下扣起来的包装箱。苹果的要求是，用户把上面那个盖子抬起来，下面的箱子滑落时间要在三秒之内。苹果为此曾做了多次试验，如果天盒和地盒之间的阻力太大，那地盒容易长时间掉不下来，用户就会去晃这个箱子，体验就不好，所以，盒子的自重必须恰到好处，才能保证地盒在三秒之内从天盒上脱落。此外，在苹果产品的纸盒之外还有一层塑封，苹果公司会保证塑封线一定是直的。而且，苹果的任何一个产品，如果你在开封之前摇晃它的盒子，里面的每一个部件都是非常稳固的，你绝不会听到里面哗啦哗啦地响。这些都是用户在真正使用产品之前的体验，所有类似的细节加起来，就会影响用户对产品的感受。

这种对用户体验的关注还要持续到使用完产品之后。比如说电池用完之后，有环保意识的人都知道，如果随便扔会污染环境，但是我们身边又不容易找到回收电池的地方，所以小米电池就注意到了这一点，采用的是无汞无镉的材料，让人们在用完丢弃的时候不会有心理负担。

我们经常说，魔鬼都在细节里，从一开始用户听到这个产品，到他用完丢弃这个产品，里面的每一个细节都值得产品经理去认真琢磨。要想让自己的产品在众多产品中脱颖而出，仅仅关注用户的使用过程是远远不够的。

如何应对老板提出的“不靠谱”需求

探寻：弄清老板的真实目的

· 快刀青衣

作为一家公司的中层，很多人都会吐槽说自己的老板不懂业务，总提出一些不靠谱、不能实现的需求，自己明明知道老板提出的方案不行，但也只能硬着头皮做出来。这种想法是不可取的。如果你的老板能够把需求提得非常明白，把方案想得十分周全，那还要你这个中层干什么？**如果你认为老板提的需求或者方案非常不靠谱，那么你就需要去了解他为什么提出这样的想法，挖掘他的根本目的是什么。**

比如说，你可以问他，你做这个功能是想要日活提升，还是每日收入提升，订单量提升，还是GMV（商品交易总额）提升？对于产品经理来说，不同的目的对应不同的产品方案。如果他想要订单量提升，那么原来用户一次买两个东西发一个包裹，现在就可以考虑发两个包裹；如果他想要GMV提升，那么就可以在购物车里做加购，提示用户添5元就可以换个什么东西……了解目的之后，你再据此去做一套能够实现的产品方案。

我们刚做得到 App 的时候，罗胖曾经提过一个需求，要把知识做成音频，但这个音频有不同的形状，有长条的、方块的，等等。用户在听音频的过程中，这个长条或者方块就往下掉，等它掉到地上的时候，音频就播放完了，然后下一条音频往下掉。凑几个方块之后，这一堆方块就消失了。我说你这是俄罗斯方块。但这确实就是罗胖对得到产品最初的概念。

这个方案肯定不是一个容易实现的需求，我听到之后，想的是罗胖为什么要这么做。他想象的消除、积分这些东西，其实都是为了激励用户去持续听完这个内容。那么，我可不可以用其他方式实现他的目标？比如说我可以设置倍速播放，帮助用户营造一个更适合他的音频环境去听完这条音频。罗胖是想让“听完”这件事变得轻松化，他只是把轻松化和游戏化等同起来了，而在所有游戏里，可能他最熟悉的就是俄罗斯方块。他的需求和我最后要提供的解决方案不一定是一个事情，**我只需要考虑能不能提供一个可行的方案，实现让用户愿意听完整条音频这个目的。**

这个项目 7 月立项，到 11 月才上线，中间我做了各种努力。比如说要选一个合适的音频转述师，当时没有音频转述师这个职业，只有播音员，但播音员的声音太慷慨激昂，太正式了，让人听起来有压力，我就要选一个说话方式比较平易近人的转述师，而且要让我们的内容创作者注意，在写音频稿的时候注意口语化。最初只上线了 6 条音频，我们就反复地听各种人录的这 6 条音频，对比到底是一分钟 200 字、220 字，还是 230 字让人听起来更舒服。包括后来的交互设计、页面设计，我们都尽量轻松化。最后，数据显示，在打开音频的用户中，有相当大的比例能够把这条音频完整听完，罗胖对这个方案也非常满意。

你的领导可能会给你提一些看起来很不靠谱的需求，而产品经理要做的就是把这些需求具象化。比如，你可以拿出 A、B 两个方案，问领导哪个更接近他的需求。他如果觉得 B 方案更接近，那你就知道他实际上要的是什么了。然后你再去考虑，如果要做 B 方案，现在要解决什么问题，缺什么东西，要补充什么，等等。

产品经理经常犯的一个毛病是，把领导说的完全当成自己实际要做的，仅仅把自己当作一个执行者。你要时刻记得，你真正要帮老板实现的不是他提出的想法，而是他的最终目的。你要想方设法去挖掘并落实老板的最终目的，这比实现他说的某句话、提出的某个需求重要得多。

虚心：不要轻易说老板“不靠谱”

· 唐沐

我认为，如果老板提出的观点或者让你做的事情，超出了你的知识和经验范围，很多时候，你不能先入为主地认为老板不靠谱，而要相信老板是对的。你仔细想想，你凭什么说老板“不靠谱”呢？有可能老板看到的东西是你没看到的，他的经验、了解的信息、对事物的判断，可能是你这个层面所不能理解的，这也就是为什么他是你的老板。我建议很多初出茅庐的产品经理对老板要有敬畏心，很多人往往容易觉得自己的老板是傻子，到最后发现小丑竟是自己。

我做小米路由器的时候，想给路由器加一些增值功能，比如说红包 Wi-Fi。当时有很多人喜欢用各种各样的方法蹭别人家的 Wi-Fi，我就想做个功能，用户可以设置他的小米路由器，允许周围的邻居蹭网，但邻居要想蹭 Wi-Fi，就要给他发红包，比如，邻居给他发个 5 块钱的红包，就能用他的路由器上网两小时。

我就跟雷总聊，他听了几句就说这事儿没前途。但我自己内心不服气，特别想做，就偷偷摸摸做了，但是最终呈现出来的数据和结果真的不如人意。只有极少一部分人会用这个功能，因为大家用路由器时最大的诉求就是网速快，要降低网速去赚几块钱，大部分人不愿意，而且有的人住在二十几层，也没有几个人能跟他共用路由器，所以这纯属我自己的判断不准。

有的时候你可能觉得你的老板已经老了，跟不上这个时代了，但其实他真的踩过很多坑，经验摆在那里，不是你一下子能看明白的，所以他说的话你要听。

还有一次，雷总跟我闲聊，说你的团队要不要考虑一下做空调。我当时心想，我是做智能产品的，空调没有什么智能的点可以做呀。但是半年之后我终于明白了，雷总当时在考虑小米需要更大的营业额。每个人家里只需要一台 200 多元的小爱音箱，但是他需要两三台 2000 多元的空调。如果选择做空调，那么我这个团队对小米的贡献度更高。半年之后，公司内部的评价体系变了，大家都开始讲营业额。我手里只有一个二三十亿的盘子，但别人手里有 100 亿的盘子，我们团队就特别慌。

所以我建议，**当你觉得你的老板提出的建议“不靠谱”的时候，你要想想自己是不是没有看清老板的意图，有没有了解清楚他在想什么，他是出于什么原因和考虑做出这个判断的。**不要轻易觉得老板不靠谱。

除了负责业务，很多高级产品经理还要管理团队，领导几个或者十几个产品经理一起把产品做好。他们需要在工作中主动帮助团队成员提升专业能力，为团队成员提供发展机会。

一般来说，人才培养分为选拔、培养、留用几个方面，我们已经在“行业地图”那一章阐述了选人的标准，下面我们来了解一下高级产品经理应该怎样培养人才，怎样把优秀的人才留在自己的队伍里。

怎样管理好一个团队

培养：把创新精神传递给团队成员

· 唐沐

我对我带的产品经理一直强调创新，如果不去做新东西，只会从别人那里抄点东西来，那永远也做不出好的产品。有人会说，天下文章一大抄，太阳底下没有新鲜事，不管我做什么，之前肯定都有人做过类似的。但是，我会告诉他们，**创新不是做一个从来没有的东西，而是看到好的东西，从中得到启发——特别是看到别的行业里有做得好的东西，经过思考后把它移植到你的产品中，提升你的产品。**

比如说，我原来是做软件的。大家在装软件的时候都有一个感受，就是安装步骤很少，不需要填写什么，按提示点击几下，马上就能用了。这在软件行业已经应用得非常普遍了。但当我进入硬件领域，做小米路由器的时候，我发现市面上的一些路由器还停留在传统行业的逻辑里。这些产品的产品经理把用户行为想得很复杂，要设置一个 Wi-Fi，非要让用户填很多东西，比如 Wi-Fi 名字是什么，它的密码是什么，管理员密码又是什么，上网形式让用户选一选，加密方式让用户选一选……他们认为这样能给用户提供足够的自由度，但事实上，用户很容易因为搞不明白而失去耐心，反而容易流失。于是，我就把装软件的打法拿过来，改进了装路由器的方式，让小米路由器只需三步就可以设置成功。正因为这个设计，小米路由器一上市就卖爆了。做路由器的同行觉得我这个想法是从天上来的，但我其实是从软件行业借鉴来的，并迁移到了自己的产品上。

又比如，我会要求我的产品经理多看电影，特别是现在做科技产品，会让大家多看些科幻电影。电影里的科技可能有些暂时还实现不了，但电影对未来世界的想象和预期可以给我们很大的启发。

举个例子。市面上有很多语音交互音箱，但大家都面临着一个共同的问题：用户每天跟音箱说的话有千千万，产品经理没办法给每个问题都设置一个答案。找不到答案的情况下，音箱就会跟用户说“对不起，我听不懂”或者“这个问题超出了我的理解范围”，用户会觉得音箱非常不智能。我是怎么解决这个问题的呢？我当时给小爱音箱做了一个“小爱学习计划”。只要用户有耐心，愿意花时间，就可以让自己的小爱音箱变得跟别人的不一样。

用户可以自定义音箱的回答方式。比如用户名叫张三，他可以在小爱音箱上设置，当他问“你的最爱是谁”这个问题时，小爱音箱就要回答“是张三”。这样，每个人的小爱音箱就都有了性格。它会跟你亲近，跟其他人疏远，它能听懂你说的一些话，但别人的小爱音箱就听不懂。

当时所有人都觉得这是一个神一样的设计，但这个想法最早其实来源于电影《她》(*Her*)。这部电影给我最大的冲击是，最终主人公发现其实有成千上万个 Her 存在，分别服务不同的人。电影中有一幕，主人公听见 Her 竟然跟隔壁的男生讲着不同的一段话，完全是个性化定制的。[1] 当时我就想，这个功能完全可以移植到我的产品中来。

所以创新不是让你平地起高楼，而是让你在日常生活中多发现别人产品好的地方，多观察和积累，多寻找启发。如果你看到别的产品加了一个功能，就给自己的产品加一个同样的功能，而没有考虑这个改变对用户的价值，那你永远也不会成为一个好的产品经理。

---

1. 美国导演斯派克・琼斯编剧并执导的一部科幻爱情片，讲述作家西奥多在结束了一段令他心碎的爱情长跑之后，接触到一款先进的人工智能操作系统 OS1。这款系统能够通过和人类对话，不断丰富自己的意识和感情。随后，OS1 化身为一名叫作萨曼莎的女性，与西奥多相爱。

留人：如何让员工在日常工作中充满成就感

· 唐沐

有人说，员工离职无非两个原因：心里委屈和钱没到位。但一个产品经理如果要离职，原因可能更独特一些，往往是因为他觉得在你这个公司里没有挑战、没有梦想、没有愿景了。

我以前在腾讯做QQ时，有时候也会觉得我做的东西没什么用，每年迭代一次，然后去年的东西都没了。但后来有一天我在散步的时候，看到我们整个小区好多栋楼，万家灯火星星点点，我就想，这里面可能有不少人正在用QQ聊天，用着我设计的头像，发着我设计的表情，我就觉得我做的事情非常牛，成就感油然而生。

所以我会经常跟我带的产品经理说，我们现在做的东西是一个什么样的产品，它对于改变人们的生活有着怎样的作用。比如我之前带着团队做了一个咖啡机器人。它有什么用呢？一般人喝咖啡经常去星巴克，但星巴克的咖啡品质只处在中游，要想喝到高品质的咖啡，只能到精品咖啡店。由于优质的咖啡师很稀缺，所以精品咖啡店非常少。而有了我们的咖啡机器人，大家就可以更容易地喝上高品质的咖啡。而且咖啡机器人占地只有两平方米，也不需要咖啡师，将来可以放在机场、办公室等任何一个地方，所以大家买一杯精品咖啡也不需要多少钱。人们的日常生活会因为我们的产品而改变。

让你的产品经理知道自己做的事情是有意义的，有成就感，这要贯彻到你的日常工作当中。 如果你看到他开始按部就班地工作，不再提新的想法，那就说明他可能已经在考虑离职了。这个时候你就要找他谈，也只有这个时候是有机会留住人的。等到他跟你提离职，说明他方方面面都已经考虑好了，你再跟他讲成就感、讲改变世界，都没有用了。

怎样管理好一个项目

方向：多重指标锁定业务目标

· 快刀青衣

很多产品经理都会遇到这样的情况：好不容易做出来一个方案，但是这个方案的数据指标其他部门并不关心，公司高层也不关心。这是因为，这些一线产品经理不知道公司的大战略，也不知道公司现阶段最重要的任务是什么。

比如，对于一些中小型电商公司来说，它做活动到底是要提升自己的GMV，还是要提升公司的利润，还是要提升公司的订单量？这三个目标是完全不一样的。2015年、2016年，很多公司疯狂刷单，因为它们跟投资公司签了对赌协议，如果达到了每月多少订单，就会拿到新一轮融资。这时候如果有一个新的产品经理进入公司，并且不熟悉公司这一阶段的目标，那么他做的项目就可能不是冲着订单量去的，而是冲着GMV去的。

作为一个团队的负责人，怎么才能让团队成员都清楚公司现阶段的目标呢？

首先，在启动这个项目的时候，你就要跟大家说明公司为什么要做这个项目。

其次，大家做方案的时候要反复沟通，你要问问你带的产品经理为什么做这个方案，他的目的是什么，用什么样的指标能证明他达到了目的。

最后，给产品经理下任务的时候，你要设置多重指标。

对于产品经理来说，每一个方案涉及的指标都不止一个。几乎没有哪个方案做出来只导致一个数据改变，完全不涉及其他数据和指标。但是，**产品经理在哪些指标上投入精力，达到的结果是完全不一样的。**

举个例子。有段时间我带领的团队正在优化得到电子书的分享功能，有很多数据和指标都可以去衡量分享功能做得怎么样。我的目的是，通过用户的分享拉动更多人注册得到App。所以我给我的团队规定了一个辅助指标：要提升分享人数，而不是分享次数。分享次数提升，可能是因为一个重度用户从一天分享8次变成一天分享18次，而分享人数提升则需要更多的用户愿意分享，比如之前只有5万人分享，后来变成15万人分享。只有分享人数提升了，才能使更多的人知道得到电子书，这些人才有注册成为得到用户的可能性。

我规定的另外一个辅助指标是分享拉新率，指的是有多少人因为一个用户的分享而注册成为得到用户。这意味着产品经理做方案时要考虑不同的视角，一方面，为了促使得到用户分享，他要思考用户在什么场景下愿意分享，愿意分享什么内容；另一方面，他还要去想，用户分享出来的内容如何吸引非得到用户，让他们想成为得到用户。这样一来，分享拉新率才可能提升。

只有用好几个指标共同定义目标，产品经理才会清楚地知道做这个功能是为了什么，他在工作中才不容易跑偏。

时间：把握好整个项目的进度

· 快刀青衣

作为团队的负责人，你还要对整个项目的进度负责，这首先要求你的团队足够有自驱力，其次，你最好和你的团队保持每天的信息同步。

我管理团队工作进展的方法是这样的：

第一，我会重点盯着这个功能是否按时上线。在一开始跟具体负责这个项目的产品经理确定方案的时候，我就会把工作人员的数量和需要的工作时间弄清楚，做到心中有数。比如，产品经理告诉我，他做这个功能需要 8 个人，需要做 25 天。正常情况下，我只要盯着 25 天之后那个功能上线就好了，中间如果资源不够或者出现特殊情况，他会主动来找我求助。

第二，每天下午，我都会和团队中的所有产品经理开例会，同步一下大家的进度。有时候一个需求比较复杂，需要的工期也长，那么产品经理会把它拆分成三到四个小的版本，比如说这个需求总共需要做一个月，那么每周都是一个小的里程碑。大家每天在例会上同步自己的进度，我一看就知道哪些项目落后了，哪些项目达成了多少。

第三，每天晚上 9 点左右，每个产品经理会在群里做一个书面的汇报，说一下自己的项目进展到了哪里，比如“现在已经进入产品验收阶段”，“bug 已经修复完了”或者“还有 7 个 bug 没有验证通过，等明天第一轮验收完之后提交”，等等。如果某个项目的进度明显滞后于目标，那这个项目就是有风险的。比如我列了时间节点，安排了每个时间节点需要完成的工作，但是到了第二个时间节点，发现第一个时间节点的工作还有人没完成，这就说明这个项目肯定出现了问题。这时候，我就要找负责的产品经理去谈到底哪里出了问题，哪些地方需要加大投入，哪些资源目前还不够，等等，帮助他们赶上进度。

权衡：对伤害核心目标的项目喊停

· 快刀青衣

作为产品团队的负责人，你要从宏观上把握你带领的这些产品经理提出的产品方案是否可行。判断的标准是什么呢？我的工作习惯是，先砍掉那些目的不明确、不知道要解决什么问题的方案，而剩下的方案，要看它的直接目标是否会伤害到产品的核心目标。

比如说，有一个产品经理做了一个项目，为了引导用户分享在得到 App 中学到的内容，他给"分享"这个弹窗加了一些特效。但实际上，整个产品的核心功能是让用户顺畅地、愉悦地使用产品。如果用户一打开 App，就看到一个带着复杂动效的弹窗让自己分享，甚至不分享就关不掉这个弹窗，那么用户就不愿意用这个 App 了。产品经理的这个方案是为了增加分享次数，但实际的结果，却是用户对整个产品的使用体验变差，对这个产品失去信任，甚至觉得这个产品很 low（低级）。如果是这样，我就会把这个项目砍掉。

作为产品团队的负责人，对于那种会伤害到核心目标的项目，你一定要及早发现，如果发现得晚了，可能会给公司造成很大的损失。

比如，2016 年前后，得到 App 上的课程还不到 100 门。那时候我们想做一个功能，就是把得到的课程打包卖，用户只要付一定的年费，就可以学得到 App 里所有的课程。当时我和罗胖、脱不花一碰，大家都觉得这个想法挺好。于是我就把公司附近三层楼的汉庭酒店全都租下来，告诉研发团队，这一个月都要加班，都不要回去了，我们要集中精力在一个月内把这个功能做上线。

结果做了差不多三个星期，已经到内测阶段了，有几个朋友来公司谈事。聊起这件事，他们说，如果你现在推出这种打包课程，以后再推出新课程时，用户对新课的认可度可能就不会那么高了。因为在买年卡的时候已经一次性付过钱，用户在选择课程时，就很有可能不会去认真考虑这门课到底适不适合自己，要不要买，他和课程之间的连接和感情就不会很深。而且，这种商业模式也会导致我们做课程的老师不再精益求精地打磨课程。因为有购买年卡的这一群用户，所有课程一上线可能都会有几万人、十几万人去学，课程质量的差别就不容易看出来，也不知道哪些人是因为有了打包的权益随便点开听一听，哪些人是真的喜欢这门课才去学的。但如果你把每一门课程单独售卖，那么你就要从零开始获客，老师就会更用心琢磨怎么才能做好这门课。这样才能保证得到 App 上的课程始终保持高水准。

能够做出高质量的课程交付给用户，是得到 App 的立身之本，是整个产品的核心目标。如果我们真的做了课程打包，可能短时间内的流水会上来，但长远来说一定会伤害我们的核心目标。所以，尽管研发团队已经花费了将近一个月的时间，没日没夜地把精力全部投入在里面，但这个项目最后还是被我们喊停了。

当时我有一个感觉，这种事情特别容易让产研团队有挫败感，有挫败感就特别容易离职，特别在 2016 年、2017 年前后，各种 O2O[1] 公司都在争产研团队，我甚至认为可能会有 50% 的人因为这个事情离职。于是我把产研团队的所有人都叫到一起，告诉他们我思考的逻辑是什么，我为什么喊停了这个项目，并且跟他们道歉，因为自己之前考虑不充分、决策失误，才造成了这次资源的浪费和项目的喊停。产研团队明白了这件事的来龙去脉，表示非常理解，最后只有两个人离职。

这是一个比较大的项目，被喊停的小项目就更多了，但基本上都是一个标准：如果这个产品方案只有一个比较单一的目标，而且伤害到整个产品的核心目标，我是不能接受的。

---

1. Online to Offline 的缩写，即线上到线下，是指将线下的商务机会与互联网结合，让互联网成为线下交易的平台。

对于产品团队的负责人来说，当一个项目进行到了一半，你发现这个项目有问题，必须喊停的时候，一定要考虑到团队成员可能会有离开的想法。快刀青衣老师告诉我们，要想降低大家的离职率，最好的方法就是不要让你的产研团队成为最后一个知道信息的人。

有些负责人特别喜欢把整个团队当成一条流水线，先让运营决策，然后产品出方案，最后让程序员去实现。这样，每一个人都只是一个工具，很难在此过程中有任何成就感。久而久之，团队成员的负面情绪就会积累得越来越多，项目一旦被喊停，大家的情绪都会达到爆发点。

好的做法是让大家参与到决策中，一起来讨论这件事到底为什么做，为什么要这么做。这样，大家会觉得所做的产品跟自己有关系，因此会更全情地投入。如果项目被喊停，你也要及时把公司的考虑告诉大家，只要你给出的理由合理，绝大部分人都会理解你。

瓶颈：切忌头疼医头，脚痛医脚

· 快刀青衣

我们经常听人说，某个产品遭遇了瓶颈期。听到这句话，产品经理估计会心里一激灵。但是我想提醒一点：每个人对瓶颈期的理解是不一样的。有的时候，一句话有多种说法。比如有人说：抖音日活只能维持在6亿，遇到了很大的瓶颈。但是这句话也可以说成：抖音作为国民级的产品，每天日活能在6亿以上，特别牛。同样一个数据，完全可以有不一样的解读。

很多产品经理认为，到了一定的阶段，用户数量不再增长了，日活不再增长了，就是遇到了瓶颈。但你要考虑的是，你觉得现在遇到了瓶颈，公司觉得是瓶颈吗？领导觉得是瓶颈吗？你要想清楚，你现在要的是泛化的用户增长，还是精准的用户，还是高质量的用户，还是收入的提升？面对同样一批用户，你的目标不同，采取的产品对策也就不同。如果在日活没有增长的情况下，你们公司的收入还在提升，人均付费规模还在提升，要那些增长还有用吗？

拿得到App来说，如果只是为了用户增长，我们完全可以做各种营销活动，分分钟就能拉来3000万用户。比如你告诉所有人，每天上线得到App，可以领一盒鸡蛋，那用户马上就能增长。但增长之后，衍生问题就出来了。如果你花钱拉进来的这 3000 万用户和你的产品不匹配，就算他们都能变成得到 App 的付费用户，那么他们可能给出的反馈会是，得到 App 所有的课程都讲得太深奥，我听不懂，希望老师能够再亲民一点，讲得再浅显一点。如果有大量这样的反馈，老师可能就会为了贴近这些用户而放弃一些有价值的知识点，得到 App 的整个定位就变了，这当然不是你的初衷。

这样的情况不是没发生过。2014 年、2015 年前后，O2O 最火的时候，某公司就遇到了用户增长的问题，于是他们就给用户各种返券、送礼，甚至让用户上来就领东西、领现金。结果日活上去了，但公司一直在不断地烧钱，再加上没有投资，公司不久就死了。

所以很多时候，产品经理不能有应激反应。产品决策不是非 A 即 B，而是有多个维度要去考虑的。所谓瓶颈，往往是个系统性问题，需要更全面的考虑。千万不能头疼医头，脚痛医脚。

CHAPTER 4

第四章

高手修养

接下来，我们的职业预演之旅来到了高手产品经理的部分，在开始之前，让我们先了解一下产品高手大概是个什么样子。

高手级别的产品经理一般是某个公司的产品副总裁，或者干脆自己出去创业，成了公司的CEO。要到达这个层面，你的专业能力相对新手和进阶阶段的产品经理需要有很大的提升。

试想一下，你已经是一个产品高手，成功主导过多个大型产品的整体设计，能够创造或者引导客户的需求，提升用户黏性，成为某一方面的专家。互联网江湖上流传着你的名字，你做出的产品改变了一部分人的生活。但你面临的压力也逐渐增大，因为这时候你管理的不再是一个小团队，而很有可能是几百人甚至上千人，所以，在团队管理方面，你也需要有独到见解，敢于推出新的管理模式，等等。

更重要的是，高手阶段的你不再具体负责某一个功能的实现、某一个界面的设计，或者某一个逻辑的设定，负责的范围也不仅仅局限于公司的某一个业务。你要负责把握公司的整体产品战略，了解整个产品和商业的运行规律，具备一定的商业洞察力和战略设计能力，甚至对整个世界的运行法则有全新的理解。

在“高手修养”这一部分，我们将重点为你介绍各位高手老师在商业逻辑和战略分析上的独到思考。

顶级产品经理怎样进行商业布局

责任：不要利用人性的弱点去赚钱

· 唐沐

有很多产品经理的书或者课程里都在讲，我们要利用人性的贪婪、恐惧、攀比等弱点去赚钱。我刚刚做产品的时候也说过类似的话。但近些年来，我越来越不认同这种说法。我更喜欢正向地引导用户。我相信，最后一定是正向的东西能够走得更远。

比如说，很多软件有让人成瘾的机制，只要你不断“喂”给用户他喜欢的东西，他就会一直沉迷在你这个软件里。还有一些网络游戏让人拼命花钱买装备。我觉得，这种模式是不会长久的。产品经理要洞悉人性的黑暗，在做产品的时候掌握一定的度，不能什么样的钱都赚。

我做小爱音箱的时候，设置了语音交流功能。通过看数据，我发现很多人跟小爱音箱说话都是闲聊。他们不是让小爱音箱帮他们开灯、给烧水壶加水、让空调开始制冷，而是跟小爱音箱说一些打发寂寞的话。年轻人会问，“小爱同学，你觉得我帅吗”“你喜欢我吗”“你猜我今天心情怎么样”；老年人会跟小爱同学聊天气，或者“你吃饭了吗”这些家长里短。这种闲聊占整个语音问答量的30%！我才意识到，中国有一大批人是非常寂寞、非常缺爱的。如果我想利用人们的这个弱点做产品的话，我完全可以找一帮主播，在用户唤醒小爱同学之后，只要用户有跟人聊天的欲望，就马上接通主播，按聊天时长收费。

但是这么做有隐患，因为你不知道你的用户是个什么样的人。如果他是一个有心理问题或者自杀倾向的人，那么跟他聊天的主播万一哪句话没说对，引发用户做出过激行为，这个责任谁来负？我们不要小看自己手里的产品，当它走向市场之后，它身上的责任就非常之大。

如果你毫无忌惮地利用人性的弱点，产品未来的路就会越来越窄，甚至迅速地走向消亡。

有件事让我觉得我做出了社会价值。我们当时做了一个非常小的产品，叫“米键”，现在可能很多人都已经不知道了，就卖九块九，卖了几十万个。它是一个特别小的按键，只需要插在手机的耳机插孔里，就可以设置多种功能。你可以自定义按键之后要手机干什么，比如拨打一通电话，打开一个应用，或者开始播放歌曲。

这个产品卖了三个月以后，我在小米论坛里看到一个用户写的长篇评论。这位用户是一个东北工人，有一天晚上，他下了夜班，一个人走在路上，因为下雪路滑，跌进了一个深坑里。手机屏幕摔坏了，没法触屏操作。当时是东北的隆冬，如果他没办法打电话求救，可能会被冻死。幸好他的手机上插了一个米键，他给那个米键设置的是打电话给他老婆，就是这一通电话救了他。就是这么小的一个产品，救了一条人命。当时看完那个帖子，我感觉我做的事情真的是有意义的。

我一直觉得，能够帮到人的产品有那么多，世界上能做的好事有那么多，为什么我们不去研究怎么让用户的生活更加舒心、更加便捷，而要把目光放在利用人性的弱点、人性的黑暗面上？你如果想做一个好的产品，想让你的产品活得更久，想把自己的公司做大，还是要有一定的社会责任感。

“超预期体验”这个词一度很火，很多企业都在想办法给用户超出预期的体验，但唐沐老师却提醒我们，超出预期的体验有时会给企业带来灾难性的后果。这究竟是怎么回事呢？让我们来看看唐沐老师的观点。

运筹：给用户超出预期的体验时要算好代价

· 唐沐

很多人都提出，做产品要给用户带来超出预期的体验。什么叫超出预期呢？比如你在街上卖橘子，有人买两斤，你一称，两斤半，你说多的半斤不用付钱，这就叫超出预期。要想给用户超出预期的体验，产品经理一定得考虑好公司要付出什么样的代价，以及付出这样的代价值不值得。

小米的超高性价比就是给用户超出预期的体验。小米几乎不赚钱，用成本价把产品卖给用户，用户肯定觉得惊喜。但是小米怎么获得盈利呢？关键因素是量，当销量大到一定程度，供应链成本自然会下降，全生命周期算下来，还是会赚钱的。

我做的第一代小米路由器，刚上市时的 BOM（物料清单）成本是每件 135 元，为了达到超高性价比，我跟雷总商量，最终把售价定为 129 元一台。这是 AC 双频路由器市场上从没有过的价格，比别的产品至少便宜 20 元，用户就觉得很惊喜。虽然开始每台亏 6 元，但是随着订货量的增加，成本出现下降的趋势，等卖到 100 万台的时候，我们就开始赚钱了。第一代小米路由器最后卖掉了三四百万台，成本降到了 80 多元。现在，小米路由器的出货量大概在 1500 万台到 2000 万台之间，每台的成本已经远远低于最初的135元。

但是，这要求你在开始定价的时候就要确定，你的产品最后能卖到这么大量。对于小米路由器来说，一方面我确定我产品做得好用，另一方面价格便宜，再加上小米这个品牌，不可能卖不动。但每个品牌在制定策略的时候都要考虑自己的特点，这个策略如果拿给一个不知名的牌子，或者产品质量不够好的牌子去用，就不一定管用。

如果没有计算好成本，给用户超出预期的体验往往会带来灾难性的后果。一个反面例子是贾跃亭。他也给用户创造了超出预期的体验，说交几年的会员费，然后赠一台乐视电视。但是他的问题在于，会员费的利润，远远覆盖不了电视的成本，所以这个模式很快便难以维持。

要给用户超出预期的体验，你必须先算好经济账，知道这样做的成本和代价是什么，而这些成本又可能从哪些地方赚回来。如果你没想明白这些，要么你给用户提供的体验不够惊喜，要么你很快就会陷入亏损的境地。

增值：怎样让产品价值最大化

· 唐沐

我们做出一个产品，肯定想让它的价值变大。一家公司有了很多价值大的产品，更容易吸引到投资，在股市中的表现也会更好。那么，怎样衡量一个产品的价值呢？我有一个公式：**产品价值 = 用户价值 + 商业价值 − 情绪成本 ×2。**

用户价值是指用户在使用产品时获得的一切好的体验，包括情感上的愉悦、功能上的满足，等等。

商业价值是指公司利用产品获得的经济回报，通俗点说，就是通过产品挣到的钱。

情绪成本是指用户在使用产品的过程中感到不舒服。

作为产品的总负责人，在一开始做产品策划的时候，你就要有所取舍：哪些钱要赚，哪些钱不要赚。有些钱是快钱，是一时的，如果你赚了这些钱，对用户价值损伤较大，那这个产品就会让用户付出情绪成本。

图 4–1 和图 4–2 可以让你一目了然：

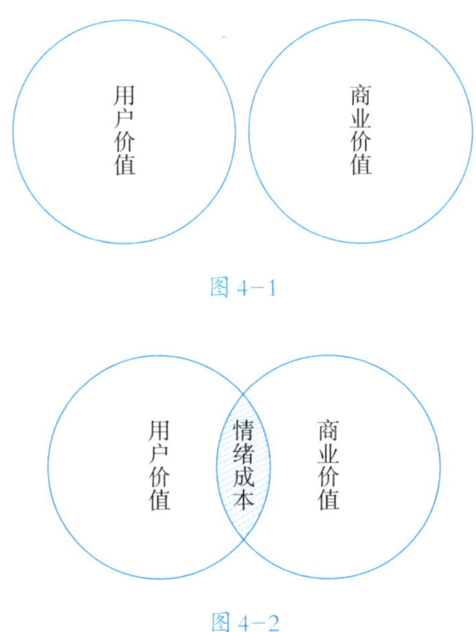

图 4-1

图 4-2

产品价值就是图 4-2 中两个圆圈内非阴影部分的面积。理想的情况肯定是图 4-1 那种，用户价值和商业价值加起来就是全部的产品价值，但是这种情况几乎不存在，因为用户价值和商业价值通常是互相侵犯的。两者互相侵犯的交集就是情绪成本（也就是图 4-2 中的阴影部分）。这时候，如果要计算产品价值，也就是非阴影部分的面积，就要用用户价值那个圆的面积加商业价值那个圆的面积，再减去两倍阴影部分情绪成本的面积。

比如我刷抖音很爽，这种爽是用户价值，但是抖音里插入了广告，广告一方面产生了商业价值，另一方面让用户不爽，这种不爽就是情绪成本，它是由于插入广告这一商业行为侵犯到了用户体验而产生的。

如果有一天抖音的广告太频繁了，甚至90%都是广告，那么这个情绪成本就会非常高，我可能就会卸载这个软件，这样它的产品价值就没了。但如果它在插入广告的时候能够稍微克制、收敛一点，它对用户产生的情绪成本就不至于那么高，用户还能够留在这个应用里，它的产品价值就还存在。

怎样减少用户价值和商业价值的互相侵犯，使得产品价值最大化呢？

在我的经验中，一个好的设计有时候可以完成这个任务。2003年之前，QQ的聊天页面是一个老式Windows的界面，聊天窗口上面有一个很小的广告条，你鼠标一移上去，它就突然间变成一个巨幅广告，挡住你的聊天窗口。这个功能是广告部挖空心思设计出来的，因为之前QQ里的广告位比较小，没有广告主愿意投，广告部就设计了这么一个巨幅弹窗。但是这对于我来说是完全不能接受的，因为它极度影响用户的体验，所以在新版本发布之前，我就直接把这个广告弹窗给取消了。结果第二天一大早，广告部的人就过来投诉，说你们谁做的决定，敢把我的广告给去掉？我们好不容易说服了广告主买这个位置，容易吗？我们进行了激烈的讨论，广告部的人站在商业价值一边，我站在用户价值一边，争得面红耳赤。我也很气愤，说你这样会把用户都得罪光的，现在你要么得罪用户，要么得罪广告主。广告主只是一时的事，但是你如果得罪用户的话，他就会直接弃用这个产品。聊天是 QQ 最基础的功能，你如果让广告弹窗把整个聊天窗口都覆盖了，那我们的产品还做什么呢？

最后我们把整个聊天窗口做了一个重构，把原来上面很小的广告条变成一个长条的、面积稍微大一些的广告位，而且我们还开发了右下角的弹窗，你聊天的时候右下角的小企鹅那里会有一个小窗口，这个窗口有时候也会上广告。这样两边都做了妥协。

设计可以解决很多问题。我们在面对任何商业需求的时候都不用怕，一定有方法解决，不存在大家都为了这个产品好，最后有一方被完全牺牲掉的必然。

顶级产品经理有哪些好洞察

特质：优秀的产品经理要懂得克制

· 快刀青衣

几年以前，我在国外第一次用谷歌地图，感觉有点不太适应。

之前我习惯用高德地图，高德地图的风格是两三分钟提醒一次，“前方 50 米直行”“高德地图一直为您导航”“前方路口车多”，等等。但谷歌地图经常是我开了 40 分钟，它都不说一句话，以至于我都开始怀疑是不是手机死机了。等到要出高速的时候，谷歌地图突然开始说话了。在距离高速出口两英里的时候，它精准提示，“还有两英里，出某某出口”，然后 0.5 英里提醒一次，0.25 英里提醒一次。

时间长了，谷歌地图给我的感觉就是可以信任，只要它不说话，我就安心听着音乐往前开就是了。而高德地图，我开车的时候需要一直集中注意力听它说了什么，生怕漏听了重要信息[1]。

我觉得，这两个软件的差别提醒了我们一个问题：最优秀的产品经理一定要懂得克制。

高德地图中设置了很多功能，比如有“郭德纲语音包”“林志玲语音包”。但是这两个语音包我都没有下，因为使用导航软件时，我最需要获得的信息是我走在哪条路上，我还有多久才能到达目的地。我需要专业、及时的路况信息，而不需要一位相声演员或者一个娱乐明星来指路。

高德地图中还有“我的财富”，有“签到赢金币”，有各种资讯专题来提高用户的在线时长。但作为一个普通用户，我有微信，有淘宝，有抖音，有各种手机游戏，我不指望一个导航软件满足我的所有需求，所以高德地图的这些功能对我来说利用率并不高。

可能产品经理会说，我增加了这些功能，用户反馈很好，数据也很好看呀。但是，用户分两种，一种人愿意去尝试产品的新功能，并且乐于发声，喜欢在社交媒体上晒出自己发现的产品的新变化，让人们觉得他紧跟时代；另一种人则只是因为某个产品满足了他的核心需求而默默地使用这个产

1. 高德地图有老司机模式，但需要打开底部导航的“更多”，然后进入“设置”，再进入“导航设置”，最后进入“播报模式”选择，才能变成“经典简洁播报”。但是，知道可以这么操作并且成功修改的用户比例并不大。

品，不喜欢一些新增的花里胡哨的功能，他们才是沉默的大多数，也是产品最应该在乎的用户。

懂得克制、懂得做减法，我认为是一个优秀产品经理最重要的特质之一。

布局：怎样合理分配公司的资源

· 快刀青衣

产品经理做到高层之后，会领导整个产品团队。这时候，他带的很多产品经理都会向他提出自己的需求，每个人都需要人手、需要时间。那么，作为一个高层，该怎么分配公司有限的资源呢？怎么确定哪些需求做、哪些需求不做，哪些需求先做、哪些需求后做呢？

我认为，**首要的原则就是结合公司的目标来确定，看看公司现阶段最重要的事情是什么，然后把主要的资源投入到最重要的事情上。**

拿得到App来说，我们的初心是做一所终身大学，当一个成年人遇到各种挑战时，都可以从我们这里找到对应的内容产品。但是在最早期的积累阶段，做通识课程是最快的方式。因为作为一个现代人，大家都需要了解更多的领域。于是我们就开了很多课，让用户去听，比如西方哲学史、金融学、经济学这些，然后把很多资源投入到课程上，做了很多课程相关的功能，比如听音频课程可以看文稿、文稿划线，课程背后的上线工具、运营工具，等等。那个时候如果有产品经理提出课程方面的需求，公司比较容易给他资源。

后来，我们觉得自己不仅要做通识教育，也要能够解决用户在职场中遇到的实际问题，所以我们开设了训练营业务线，从沟通、写作、管理等角度去帮助大家解决真实问题。这时的学习方式就不仅仅是听了，还要实际进行操练。我们要保证用户把学到的知识运用到实际的工作中。

于是，我们往教务这方面倾斜了很多资源。我们给训练营的用户配备了助教，帮助用户解决真实的问题，帮助用户把学习的结果呈现出来，努力让用户看到自己学习的成果。我们还做了听课之后的小练习、小测验等功能，这些都是我们之前的弱项。

除了线上的学习之外，我们还在各地的学习中心设置了很多线下的学习方式，使得线上线下融合起来，提升用户学习的效果。

为了满足学习场景的变化，我们成立了专门服务教育技术场景的产研小分队，主要研究在直播等形式中，如何让用户更有效地学习，如何让师生更好地互动。公司还建立了产研中台和数据中台，为不同的教育场景提供一些底层的基础设施。这都是整个公司这一阶段的目标所决定的。

前面我们聊了不少顶级产品经理的认知，相信带给你了一些启发，你或许会认为顶级产品经理已经是人生赢家，可以高枕无忧了。然而，唐沐老师却提醒我们，这个阶段的产品经理如果对一些事情没有足够的警惕，他的职业生涯会很快走下坡路。那么，高手产品经理究竟要注意什么呢？下面我们来听听唐沐老师的提醒。

高手产品经理尤其要警惕什么

· 唐沐

产品经理到了高手阶段，很多人已经功成名就，成了企业的老板或者大公司的高层，生活水平高出普通人，这时你尤其要警惕一个问题：**你是否已经脱离用户、脱离实际生活了。**

我经历过这样一件事。有一天，一个公司的老板很兴奋地来找我，说我给你看一个特别好玩的东西。然后他拿出了一个小立方体，告诉我这是一个灯的控制器，你把它往前翻一下灯就关了，往后翻一下灯就开了，往左边翻一下灯就变颜色了，在桌上敲两下灯的亮度就降低了。我当时就觉得这个产品的市场可能不会好，因为它脱离实际生活，没有人需要这样一种控制器，我在生活中完全找不到它的使用场景。但没想到，他真的把这个产品批量生产出来了，据说现在还在卖，但是销量一直不好。

实际上，现在市场上存在很多这样的产品经理，他们对普通人的实际生活已经没有那么敏锐的感受了。而且如果他们身居高位的话，公司里的人会非常痛苦。就像刚才那个老板，你都能想象到他兴奋地拿这个东西给公司里的人看时，他的员工们是怎么咬牙切齿帮他做出来的。如果你变成了这样的产品经理，那么你的职业生涯就很可能有危险了。

从某种程度上来说，产品经理就像运动员一样，每个人都有他体力最好、创造力最旺盛的赛季。当然运动员可以通过自己的努力去延长比赛生涯，比如说锻炼得很刻苦、很努力，比其他人花更多的精力，使自己可以再参加一次奥运会。的确有这样的运动员，但他们付出的努力可能是别人的成百上千倍。

今天，中国的消费主体已经成为年轻人，马化腾就表达过很深的忧虑。他说，他最担心的就是一些资深的产品经理年纪越来越大，越来越有钱，不知道互联网上的“新兴人类”想要什么。还有一些传统公司的老板不怎么玩手机，也不愿意去接触年轻人，甚至连线上支付都不用，外卖也不叫，如果是这样的人在一号位上去做产品决策，结果真的会很糟。如果给他们一句忠告的话，那就是：你现在最应该做的事是马上退休，把产品定义的角色交给其他人来做，这是你对公司最大的贡献。

为了延长自己的职业生涯，产品经理要尽可能多地跟用

户接触，了解他们的思想和生活方式。比如蔚来汽车的老板李斌就一直坚持和他的核心客户聚会、吃饭、聊天，了解他们的想法。

除此之外，产品经理还要理解当下流行的风尚。比如我现在会看很多流行的电视剧和综艺，即使是不喜欢的电视节目，也要强迫自己至少看一集，这样才能保证自己跟当下的社会潮流不脱节。

当一个产品经理已经拿不准自己做出来的产品和需求是否被人们需要，或者不理解用户的生活习惯时，可能他作为产品经理的职业生涯就已经在走下坡路了。

CHAPTER 5

第五章 行业大神

大神级别的产品经理是什么样的？如果一位产品经理做出的产品改变了人类的生活形态，那他就是大神级别的产品经理。

苹果公司的乔布斯被认为是最优秀的产品经理，他站在科技和人文的交叉路口，把二者完美地结合在了一起。他用iPod、iTunes颠覆了音乐市场，用iPhone、iMac颠覆了数码市场。

继乔布斯之后，埃隆·马斯克成为另一个改变人类生活形态的奇人。特斯拉将传统电动汽车行业拉入了快车道，定义了新型电动汽车；SpaceX颠覆了航天传统，以令人瞩目的姿态揭开了商业航天时代的序幕；PayPal彻底改变了当今人类的支付方式以及商业模式。有些人甚至将马斯克称为“下一个乔布斯”。

还有张小龙、雷军，他们的成就都不同凡响。

了解他们的故事，可以让你领悟最优秀的产品经理所坚守的价值、理想和信念。新手产品经理只要能从他们身上获取哪怕一点养分，并在职业生涯中长久实践，就一定会受用终身。

乔布斯：在历史长河里留下点什么[1]

在产品经理这一行，史蒂夫·乔布斯是一个绕不过去的名字。大家都知道乔布斯一手打造了苹果公司，熟悉由他引领的苹果手机、苹果电脑等风靡世界的产品。很多产品经理把他当成职业道路上学习的榜样。

那乔布斯是怎样做产品的呢？关于这一点，很多文章做过解读。最常提及的有这么几点：极简主义、追求极致、相信直觉、艺术和科学完美融合、“保持饥饿，保持愚蠢”，以及说服他人的“扭曲现实力场”。

这些总结都很有价值，但问题是，它们有的是乔布斯的个性使然，有的是乔布斯的天赋所在，有的则需要长期的训练才能达成，并不是拿来就能用的工具和方法。

如果你是一名年轻的产品经理，想从乔布斯身上获得更深一层的启发，那你还需要问问：支撑乔布斯持续创新的动力是什么？是什么推动他创造出那么多颠覆性的产品？

---

1. “行业大神”部分的 4 篇内容均由编著者根据相关资料汇编而成。

关于这两个问题,《史蒂夫·乔布斯传》这本书里有这样一段回答:

> 我的动力是什么?我觉得,大多数创造者都想为我们能够得益于前人取得的成就而表达感激。我并没有发明我用的语言或数学。我的食物基本都不是我自己做的,衣服更是一件都没做过。我所做的每一件事都有赖于我们人类的其他成员,以及他们的贡献和成就。我们很多人都想回馈社会,在历史的长河中再添一笔。我们只能用这种大多数人都掌握的方式去表达——因为我们不会写鲍勃·迪伦的歌或汤姆·斯托帕德(Tom Stoppard)的戏剧。我们试图用我们仅有的天分去表达我们深层的感受,去表达我们对前人所有贡献的感激,去为历史长河加上一点儿什么。那就是推动我的力量。[1]

乔布斯的答案不是理想,甚至也不是热爱,而是感激前人的贡献,然后"为历史长河加上一点儿什么"。

2011年,乔布斯宣布病休,那个时候他已经时日无多。有很多人希望前去拜访他,谷歌的联合创始人拉里·佩奇就是其中之一,当时拉里·佩奇刚刚宣布计划从埃里克·施密

---

1. 〔美〕沃尔特·艾萨克森:《史蒂夫·乔布斯传》,管延圻、魏群等译,中信出版社2014年版。

特手里接管公司的控制权。

拉里·佩奇想要请教乔布斯：做一个好 CEO 有什么秘诀？乔布斯得知后的第一个想法是“去你妈的”。但后来他想了想，意识到在他年轻的时候，每个人都帮助过他，所以他回电话说没问题。后来，乔布斯对他的传记作者艾萨克森说了一句话：“我可以帮助下一代记住当下伟大企业的血统，以及如何把这些传统发扬光大。硅谷一直非常支持我。我应该尽我所能做出回报。”[1]

乔布斯把自己当成硅谷创新精神的传承人，他希望自己能在历史长河中留下点什么，也希望硅谷精神的火炬能够在后来者的手中继续传递下去。这是他一生不断创新的根本动力。

这样的“历史感”看似简单，实际上是一个极不平凡的视角。试想一下，一名产品经理，如果能够在做每件事情之前都思考一个问题：我做这件事，会在历史的长河里留下什么？他的选择会不会不一样呢？

1.〔美〕沃尔特·艾萨克森：《史蒂夫·乔布斯传》，管延圻、魏群等译，中信出版社 2014 年版。

埃隆·马斯克：非常理想，特别现实

跟一般产品经理相比，埃隆·马斯克所做的产品非常疯狂——除了大家熟悉的特斯拉电动车，他还做运载火箭、人造卫星网络、脑机互联、基于磁悬浮技术的超级高铁，等等。

就产品经理这个角色而言，马斯克似乎过于理想主义，甚至有些异想天开。这些创新性的产品和技术，个个听起来像科幻世界里的事物，随便做哪个都要耗费巨大的人力、物力、财力，操作难度极大，它们真的可以实现吗？

马斯克的回答是：可以，一步一步来。

马斯克所说的“一步一步来”，并不是沿着前人的脚步往前走，而是首先回到事物的本质和原点，重新推演一遍。我们看看马斯克具体是怎么做的。

2002 年，马斯克创建太空探索公司 SpaceX，他的目标是用火箭送地球人上火星。马斯克打听了一下价格，得知仅仅是火箭本身，NASA（美国国家航空航天局）的报价就要 1.3 亿美元。这么昂贵，这件事按理说只有国家有财力做。但马斯克说不对，火箭不该这么贵，价格应该降低到原来的1/10。

为什么呢？马斯克是这么算的：火箭身上并没有什么神奇的零部件，造火箭的材料无非是航天级别的铝合金、钛、铜、碳纤维，等等。这些材料的市场报价满打满算，也就相当于NASA火箭报价的2%。那么，火箭凭什么卖那么贵？后来，SpaceX自己采购原材料，几乎所有的配件都自己生产，真的把火箭的制造成本降低到了原来的1/10。

然而，这还只是马斯克"火星移民"计划的一小部分。为了完成这个宏大的计划，马斯克其实做了非常细致的任务拆解。简单来说，就是一句话加一个公式。一句话是：把100万人送上火星。这是马斯克的第一阶段目标。公式是：20000=20×10×100。其中，"20000"指的是要将送地球人上火星的成本降低至原来的1/20000，也就是从100亿美元降到50万美元。具体怎么实现？马斯克是这样拆解的：

首先，降低火箭的生产成本，就是前文公式中提到的"10"；其次，把火箭的载人能力提高"20"倍，原来一次只能运送5个人，马斯克的目标是一次运送100人；最后，每艘火箭重复使用"100"次——原来一艘火箭只能用1次，马斯克的目标是可重复使用100次。

你看，这样一拆解，"火星移民"计划就立即变得可执行、可操作了。而SpaceX也确实是这么做的，目前他们的火箭已经实现了回收利用。

很多人可能会觉得，所谓移民火星、脑机接口这些新潮事物，不过是有钱人的游戏，跟普通人没什么关系。但其实，马斯克所做的一切，都不是为了给有钱人打造产品，而是着眼于全人类的发展。

比如，他之所以要做特斯拉电动车，并不是为了颠覆传统的汽车行业，而是着眼于地球能源的可持续使用。这一点，马斯克在2006年发布的公开信里说得很清楚：

> 如你所知，特斯拉公司最初的产品是一款高性能电动跑车，叫作Tesla Roadster。但是，有些读者或许不知道，我们的长远计划是生产不同型号的汽车，包括价格亲民的家庭用车。这是因为特斯拉公司的首要目的（也是我给公司投资的原因），是帮助推进从碳氢燃料开采与燃烧的经济体，向太阳能电力经济体的转型，我想这是可持续发展的主要解决方案，但不是唯一的解决方案。[1]

再比如，他之所以要做太阳能公司、高速运输公司等看

1.〔美〕埃隆·马斯克：《特斯拉的秘密宏图（你知我知）》，https://www.tesla.cn/blog/secret-tesla-motors-master-plan-just-between-you-and-me，2022年12月27日访问。

似古怪的事情，也不是东一榔头西一棒子地玩玩而已。他的终极使命在 2016 年的一次公开演讲中讲得很清楚：让人类成为一个多星球物种。

知道了这一点，让我们回过头来再看马斯克的整体布局：要想把人类送到火星上，就得从火箭造起，于是有了 SpaceX；要想让人类在火星上居住，就得有基本能源支撑，于是有了专门研发太阳能供电系统的 Solar City，以及探索可持续能源解决方案的特斯拉；为了保证人类在外星球上顺利通行，就得有好用的运输工具，于是有了 The Boring Company 这家运输公司；为了保证人类适应太空生活和各种异常的星球环境，就需要有强大的适应能力和改造能力，于是有了脑机接口公司 Neuralink……

你看，马斯克是把自己置身于更宏大的课题里，去思考宇宙和人类的未来，并且为此付出了切实的努力。虽然我们不知道人类的未来会是怎样，但是面对这样的探索者和实践者，我们应当保持敬佩并给予祝福。

张小龙：好产品是自然生长出来的

要问张小龙最大的特点是什么，很多人会想到一个词：克制。

这个词来自人们对微信的观察。比如，微信从来不做节日运营，底部一直保持只有四个标签，鼓励用户用完即走，等等。比起其他花里胡哨、求你留下的应用，是不是特别克制？

但张小龙本人却说："克制这个词从来没有在我的脑袋里面出现过。"[1]在他看来，"内部我们从来没有说过'情怀'两个字，也从来没有说过我们要克制自己的欲望，因为做一个好的事情并不是克制什么，而是要判断什么样的事情是该做的，什么是对的，什么是对错"[2]。

听起来有点抽象。那究竟什么才是对的？又是什么成就了今天的微信呢？

---

1. 方军：《平台时代》，机械工业出版社 2018 年版。

2. 引自 2018 微信公开课张小龙演讲。

在张小龙的公开演讲里，有一些高频词，似乎更接近微信成功的根本，比如，用户、演化、工具。我们不妨来看看。

第一，用户。尊重用户，把用户当朋友。

张小龙曾多次表达微信对用户的重视。

他说，“我觉得对微信来说，有一个价值点是我们所遵循的，就是尊重用户，尊重个人”[1]，“对于用户来说，他们更希望被诚实地对待，而不是去‘套路’他们”[2]。

所以，微信对用户不称“您”，而称“你”，表示一种平等的朋友关系。微信不会看用户的聊天记录，从第一个版本就是这么设计的。微信没有任何系统推送的营销信息。微信也不会为了流量去做感动用户的活动——因为“故意去感动一个人也是挺不尊重他的表现”[3]。

第二，演化。让群体在系统中自我演化。

张小龙在微信这个产品上的很多选择，乍一看有点反常规。

1. 引自2018微信公开课张小龙演讲。
2. 第一财经：《张小龙腾讯年会致辞：大部分产品都在欺骗用户，不要“套路”用户》，https://baijiahao.baidu.com/s?id=1619699131677529145&wfr=spider&for=pc，2022年12月28日访问。
3. 创业家：《张小龙：故意去感动一个人是不尊重他的表现》，https://www.sohu.com/a/216857760_117373，2022年12月28日访问。

比如，微信发展初期，只有少量用户使用。张小龙身在腾讯，要想实现用户增长，他完全可以把一个人的QQ好友批量导入到微信里。但他没那么做，而是选择让用户手动一个一个挑选自己的微信好友。

张小龙说，“互联网产品应该是由用户推动，而不是产品经理来推动”[1]，“产品经理应该像上帝一样建立一个系统，并制定规则，让群体在系统中自我演化”[2]。

他之所以不导流，是因为他认为，“互联网产品，好友是如何来的？必须是用户自己手把手拉来的。任何的批量好友导入，都是收效不大的”[3]。他之所以不做系统推荐，是因为他觉得，“我们所做的应该是尽可能地让更有价值的服务自己能够浮现出来被用户找到，而不是我们去左右”[4]。

---

1. Darcy：《七星级产品经理张小龙做产品也会痛苦！他有3句狠话值得学习》，https://www.woshipm.com/pmd/278174.html，2022年12月28日访问。

2. 刺猬公社：《微信上线的新功能，有什么玄机？》，https://m.thepaper.cn/baijiahao_14717326，2022年12月28日访问。

3. 吴炜峰：《张小龙2359条饭否日记（全文）（第1000条-第2000条）》，https://zhuanlan.zhihu.com/p/20546877，2022年12月28日访问。

4. 木头君说服装：《微信从起初到摇一摇功能到跳一跳，张小龙7年产品思路如何迭代？》，https://www.163.com/dy/article/D8EG2FEK0522F3S6.html，2022年12月28日访问。

第三，工具。坚持做一个好工具。

张小龙讲过一个金句："好的产品用完即走。"这句话的意思是，任何一个好的产品都只是一个好的工具，它不应该黏住人，而是应该帮助用户高效完成任务，不是说任务完成了，还要拿在手里多玩儿一会儿、多用一会儿。

很多人说，因为大家都离不开微信，所以张小龙才有信心说这样的话。但其实，张小龙这么说并不是出于傲慢。他在 2018 年的微信公开课上澄清过这个误解。他说，关于用完即走，其实还有后半句，"走了还会回来"[1]。

没错，"用完即走"和"还会回来"并不矛盾。用户只有在使用时感觉到高效和愉悦，才会回过头来继续使用这个工具。

所谓"克制"背后，其实是张小龙做产品的价值观和原则。一个好的产品，由此自然生长。

1. 引自 2018 微信公开课张小龙演讲。

雷军：让每个人享受科技带来的美好生活

1987 年，雷军考入武汉大学计算机系。入学第一年，他在图书馆里读了一本书，叫《硅谷之火》，讲的是乔布斯等企业家创业的故事。读完这本书，雷军久久不能平静，在操场上跑了一圈又一圈，心中仿佛燃起了一团火，从此有了一个梦想：做一个伟大的企业，造福全球每一个人。

1992 年，雷军加入金山。2010 年，雷军创办小米。如今，小米已经是一家备受瞩目的公司，只用了不到 10 年的时间，就进入“世界 500 强”之列。

小米的核心竞争力是什么？雷军曾经做过一番总结，其中有两点尤其值得做产品的人注意。

第一，和用户交朋友。

我们都知道，产品经理做到一定阶段，核心竞争力其实是对用户需求的洞察能力。问题是，这种洞察从何而来？靠凭空想象，还是隔空观察，还是替用户定义需求？面对这个问题，雷军的选择是，把用户拉进来，让他们参与产品的打造。

刚刚创办小米的时候，雷军的想法就是，“一定要把小米办成一个像小餐馆一样，能让用户参与进来的公司。老板呢，跟每个来吃饭的客人，都是朋友。”[1]他确实也是这么做的。小米的第一个产品，基于安卓系统开发的MIUI手机操作系统，直接征集了100名用户刷机试用。这100名用户在论坛上给小米提各种各样的意见。只要觉得有道理的，雷军带着团队立刻就改，一个星期之后发布。第二个星期，用户翻了一番，200人。第三个星期又翻了一番，400人。第四个星期再翻一番，800人。不到一年时间，MIUI在全球拥有了30万用户。这批用户为小米之后做手机打下了非常坚实的基础。

直到现在，雷军还经常在自己的社交媒体上和用户互动，并鼓励团队高管经营好自己的社交媒体，使之成为与用户沟通的重要渠道。

第二，做感动人心、价格厚道的好产品。

雷军做产品还有一个很重要的特点，那就是追求性价比，坚持做价格厚道的产品。

1. 黎万强：《参与感：小米口碑营销内部手册》，中信出版社2014年版。

2018 年 4 月 25 日，雷军回到母校武汉大学举办了一场小米 6X 手机发布会。在这次发布会上，雷军宣布了董事会通过的最新决议——小米向用户承诺，每年整体硬件业务的综合税后净利润率不超过 5%，否则将把超过的部分以合理的方式返还给小米用户。[1]

在雷军看来，把东西越卖越贵不是他想做的事情，他不想把小米做成奢侈品。他的观点是，把价钱卖得越来越高，让用户误以为贵的就是好的，这是一条不归路。更持久的路是不断提高效率、降低价格。他确实也是这么做的。

小米的产品，每一款都经过了严格的挑选和价格控制。除了手机，小米还建立了一条庞大的硬件生态链——电视机、电饭煲、智能台灯、电动牙刷、吸尘器、空气净化器、无人机，等等。只要是跟目标用户相关的产品，小米都会规划到生态链中来，并且以超高性价比推向市场，让用户“闭着眼睛也能买”。

雷军正在用实际行动，让更多人享受科技带来的美好生活。

---

1. 范海涛：《一往无前》，中信出版集团 2020 年版。

CHAPTER 6

第六章
行业清单

下面让我们进入本书的最后一章“行业清单”。通过前面的阅读，相信你已经对产品经理这个职业有了一定的了解，在“行业清单”这一章，我们会为你补充一些与这个行业相关的资料，帮助你进一步加深对产品经理的理解。

“行业清单”包括三个小节，其一是行业大事记，在这一小节中，你可以看到产品经理这一职业从诞生开始是怎样一步一步走到今天的；其二是行业术语，作为互联网行业从业者，产品经理在工作中会用到很多英文缩写和专业术语，这一小节将为你解释这些名词都是什么意思；其三是本书的受访老师推荐的参考资料，如果你想成为优秀的产品经理，读读这些书是一个不错的选择。

行业大事记

历史上第一个产品经理

20世纪20至30年代，美国宝洁公司的麦古利第一次提出“一个人负责一个品牌”。麦古利成为人类历史上第一个产品经理。

To B 产品经理的诞生

20世纪90年代，随着个人电脑的应用和普及，社会进入软件时代。这一时代诞生了很多To B软件公司，To B产品经理也应运而生。他们通常是和销售人员一起，与客户沟通，了解客户明确的需求，并将之转化为功能，然后推动开发工程师研发并上线。

产品经理进入互联网时代

21世纪初，整个社会进入互联网时代。用户发表、传播对产品的好评和意见更加便捷，产品的极致体验对品牌的价值更为凸显。判断用户需求和提升产品的用户体验成为互联网产品经理与以往产品经理的重要差异。

产品经理被重新定义

2009年前后，周鸿祎率先开始强调他作为产品经理的角色。后来，马化腾也说自己是产品经理，乔布斯也在媒体上被称为产品经理。这三个人重新定义了大众理解的产品经理。在随后的移动互联网时代，王兴、傅盛、雷军、丁磊、王小川、张一鸣等多位知名企业创始人都强调过自己的产品经理角色。

大量产品经理开始出现

2012 年前后，移动互联网爆发，重新定义了 App 产品经理。在市场上没有足够人才的情况下，无论是应届生，还是从其他职业转行的人，只要快速学习一些产品基础知识，并且会画 App 原型，就可以做产品经理。这使得产品经理的门槛急剧降低，大量人员涌入这个领域。

产品经理竞争激烈的时代

2018 年之后，移动互联网度过了快速发展期，不再疯狂产出新产品。没有新产品，也就没有新的产品经理岗位。所以，一个竞争非常激烈的时代开始了。

行业术语

PRD（Product Requirements Document）：产品需求文档。这份文档是产品从“概念化”阶段到“图纸化”阶段最主要的文档，它的质量直接影响研发部门能否明确产品的功能和性能。

ROI（Return On Investment）：投资回报率。广义的 ROI，回报不一定是金钱，还可能是用户数、市场占有率等其他指标。

DAU（Daily Active User）：日活跃用户数量，一天之内打开某个产品的用户数，简称日活。

MAU（Monthly Active User）：月活跃用户数量，一个月之内打开某个产品的用户数，简称月活。

PV（Page View）：浏览量或点击量。比如，用户的一次访问请求可以看作一个 PV，用户访问了 10 次，则 PV 为 10。

UV（Unique Visitor）：独立访客数，指的是一定时间段内访问某个站点或点击某条新闻的人数。在同一天内，UV 只记录第一次进入网站的具有独立 IP 的访问者，当天再次访问该网站则不计数。

ARPU（Average Revenue Per User）：人均付费，指的是平均每个用户在单位时间内给公司带来的收入。

ARPPU（Average Revenue Per Paying User）：付费用户人均付费，指的是平均每个付费用户在单位时间内给公司带来的收入。

LTV（Life Time Value）：用户生命周期价值，即单个客户在整个使用期间所支付的费用。

CAC（Customer Acquisition Cost）：客户获取成本，简称获客成本，指的是获取单个客户的平均费用。

GMV（Gross Merchandise Volume）：商品交易总量，指的是平台在一定时间内的交易总额，一般包含付款和未付款的订单，是衡量平台竞争力的核心指标之一。

SKU（Stock Keeping Unit）：库存保有单位，即库存进出量的基本单元。简单来说，每个不同的单品就是一个 SKU。对同一种商品来说，不同的品牌、价格、花色、尺寸，都可以单独成为一个单品。

MVP（Minimum Viable Product）：最小可行产品，即用最

低的成本实现一个尽可能展示核心概念的产品。产品团队可以通过它收集到尽可能多的用户反馈和数据，从而评估这个产品能带来的效益。

CTR（Click Through Rate）：网络广告（图片广告/文字广告/关键词广告/排名广告/视频广告等）的点击到达率，即该广告的点击量（严格来说是到达目标页面的数量）除以广告的浏览量（PV）。

API（Application Programming Interface）：应用程序编程接口，产品经理的协作伙伴——程序员的常用语，本质是一组预先定义的函数，负责一个程序和其他软件的沟通。

SDK（Software Development Kit）：软件开发工具包。一般指程序员用于为特定的软件包、软件框架、硬件平台、操作系统等创建应用软件的开发工具的集合。

URL（Uniform Resource Locator）：统一资源定位器，也就是我们通常所说的网址。

转化率：指做出某种特定行为的用户占所有目标用户的比率。产品经理可以根据不同的目标行为自定义注册转化率、登录转化率、购买转化率，等等。

用户留存：从某个时间点开始使用产品，一段时间后继续使用该产品的用户被称作留存用户。这部分用户占当时新增用户的比例被称作留存率。一般会有次日留存、次周留存、30 日留存，等等。

流程图：产品经理展示产品逻辑和业务流程的工具，常用的有业务流程图、任务流程图、页面流程图、功能流程图、数据流程图等。

需求评审：产品经理讲解产品需求文档，让相关人员了解具体需求，并提出疑问、进行沟通的过程。

项目排期表：为了保证项目按时上线，标定每个参与方的具体工作内容和起止时间的表格。

上线：功能测试没问题后，研发人员将产品打包发布到各大应用市场，供用户使用。

提测：提交测试，指的是研发人员把程序开发完成后，打包提交给测试人员开始测试。

复现：之前测试发现的 bug 再次出现。

测试用例：测试人员根据产品经理的需求文档撰写的测试流程及事项。

功能测试：单一功能的测试，比如本次迭代要上线一个分享功能，只测试这个功能是否符合产品要求。

回归测试：可以理解为整体测试，比如本次迭代要上线一个分享功能，要测试这个功能有没有影响其他功能的正常使用。

测试报告：测试完成之后，测试人员撰写的说明 bug 均已修复、可以上线的邮件。

灰度发布：指在黑与白之间，能够平滑过渡的一种发布方式。在其基础上可以进行 AB 测试，即让一部分用户继续用产品特性 A，一部分用户开始用产品特性 B。如果用户对 B 没有什么反对意见，那么可以逐步扩大范围，把所有用户都迁移到 B 上面来。灰度发布可以保证整体系统的稳定。

推荐资料

· 苏杰：《人人都是产品经理（入行版）：互联网产品经理的第一本书》，电子工业出版社 2021 年版。

推荐理由：产品经理入行的启蒙读物。本书可以带你了解产品经理这一职业究竟是干什么的。和很多职业一样，产品经理攀爬的阶梯都在门里，入行之后，还有很长的路要走。

·〔美〕Marty Cagan：《启示录：打造用户喜爱的产品》，七印部落译，华中科技大学出版社 2011 年版。

推荐理由：书里提出了定义一个好产品的模型：价值、可用性、可行性，三者缺一不可。这个模型可以用于分析市场上的那些 App，为什么有的能够持续地受用户欢迎，而有的渐渐无人问津。

· 汪志谦、朱海蓓：《峰值体验：影响用户决策的关键时刻》，中信出版集团 2021 年版。

推荐理由：良好的体验可以让用户离不开你的产品，但是关键时刻的峰值体验，可以让用户狂热地爱上你的产品。谁不愿意做一个让大家爱到发狂的产品呢？

·〔美〕乔纳·伯杰:《疯传:让你的产品、思想、行为像病毒一样入侵》,乔迪、王晋译,电子工业出版社 2020 年版。

推荐理由:很容易阅读的一本书,你可以试着用里面的模型分析一些热搜事件、病毒营销或者热门商品。虽然没有任何一个模型是万能的,但是这本书可以帮你从产品视角来看待传播与营销。

·〔美〕B.J. 福格:《福格行为模型》,徐毅译,天津科技出版社 2021 年版。

推荐理由:保持好习惯并不是一件简单的事情,我们往往将能否坚持归结到意志品质上——一旦坚持不了,就是自己意志不坚定。但这本书告诉我们,养成好习惯有一套科学的方法,使用这套方法能让我们事半功倍。

· 俞军:《俞军产品方法论》,中信出版集团 2019 年版。

推荐理由:这本书不会手把手教你如何做好一款产品,而是帮你站在更高的角度理解产品经理这一职业,包括产品经理的内涵、产品经理需要掌握的知识模型、产品经理的职业成长路线等。

·〔美〕唐纳德·A. 诺曼:《设计心理学》,小柯、张磊等译,中信出版集团 2015 年版。

推荐理由：产品能否成功的关键不是创意，而是用户有没有理解你的产品。这套书是设计学的经典入门书籍，帮你建构设计学科必备的知识体系，并让设计语言成为你与用户顺畅沟通的桥梁。

· 王坚：《结网@改变世界的互联网产品经理（修订版）》，人民邮电出版社2013年版。

推荐理由：产品经理界的经典普及书。虽然成为优秀的产品经理没有什么捷径可走，但本书也许可以让你少走点儿弯路。

· Shlomo Benartzi、Jonah Lehrer：《屏幕上的聪明决策》，石磊译，北京联合出版公司2017年版。

推荐理由：书中有很多关于电子设备屏幕设计的有趣案例，虽然其中一些“聪明决策”并不完全适用于不断更新的电子设备，例如车载大屏、智能手表、智能眼镜等，但我们依然可以从中获得启发，尤其是获得用户视角侧的洞察。

·〔美〕戴维·L. 马瑟斯博：《消费者行为学（原书第13版）》，陈荣、许销冰译，机械工业出版社2018年版。

推荐理由：本书是市场营销相关专业的经典教材，但阅读起来又完全不像一本书，而像大学里的一堂课。对于产品经理来说，这本书能帮我们对消费者、市场和用户洞察有更加系统、深入的理解。

·〔美〕尼尔·布朗、斯图尔特·基利:《学会提问(原书第12版)》,许蔚翰、吴礼敬译,机械工业出版社2021年版。

推荐理由:很多产品经理都会遇到这样的困惑:大家都想要的功能,我应该做吗?如果你也有这样的困惑,你可以读一读这本书。面对众多需求,批判性思考、做出自己的判断至关重要,但这项能力又是很多人所缺失的。对于产品经理来说,学会提问,学会质疑,是成长的开始。

·〔美〕埃里克·莱斯:《精益创业:新创企业的成长思维》,吴彤译,中信出版社2012年版。

推荐理由:精益创业,其实是把一个新创企业作为一个产品来看待,这对很多怀揣着创业梦想的产品经理来说,会是个非常好的思想实验场。

·〔美〕奇普·基德:《瞬间打动人心的设计》,王喆译,中信出版集团2016年版。

推荐理由:这本书,喜欢的读者特别喜欢,不喜欢的读者觉得空洞无味。这正说明了"人心"是复杂的,审美更是一件很难标准化的事情。但是我们可以抱着一个问题去看本书:这个设计因为解决了用户的什么问题,才打动了人心?

·〔美〕简·麦戈尼格尔：《游戏改变世界：游戏化如何让现实变得更美好》，闾佳译，浙江人民出版社 2012 年版。

推荐理由：不管是休闲小游戏，还是大型对战游戏，为什么游戏总是容易让人沉迷？这本书通过探讨游戏机制，帮我们拆解了很多关于“游戏化”与“人性”的东西。哪个产品经理不希望用户能多“沉迷”于自己的产品一会儿呢？这本书会从游戏设计的角度给你一些启发。

·〔美〕丹·艾瑞里：《怪诞行为学 1 ～ 6》，赵德亮、夏蓓洁等译，中信出版集团 2017～2019 年版。

推荐理由：世界上有很多事情是理性所无法解释的。对于产品经理来说，要做出正确的决策，首先要对这个世界和人性的复杂有充分的思想准备。这套书看起来轻松有趣，而且过程中会让你惊呼——这都可以?!

·〔美〕埃里克·施密特、乔纳森·罗森伯格等：《重新定义公司：谷歌是如何运营的》，靳婷婷译，中信出版集团 2019 年版。

推荐理由：这本书看似是描写谷歌如何管理公司的，但其实是讲述谷歌如何把一群天才聚在一起解决难题的。对于产品经理来说，完全可以把书中提到的一些谷歌的理念和处事方式，用在自己的产品和项目管理中。

· 吴军:《浪潮之巅(第四版)》，人民邮电出版社 2019 年版。

推荐理由：很多时候，决定产品经理最终高度的，往往不是具体的产品技能，而是“视野”。阅读《浪潮之巅》就是拓宽产品经理视野最快的方式。

·〔美〕沃尔特·艾萨克森:《史蒂夫·乔布斯传》，管延圻、魏群等译，中信出版社 2014 年版。

推荐理由：别去关心乔布斯私德方面的是是非非，那跟我们没有关系。去学习他对产品和用户的洞察，那是我们可以收获良多的地方。

· 刘津、李月:《破茧成蝶：用户体验设计师的成长之路(第 2 版)》，人民邮电出版社 2020 年版。

推荐理由：一个产品经理，不仅需要了解画原型那点儿技能，对于自己的“队友”也要有充分的了解。这本书细致地描述了“交互设计师”究竟是干什么的。也许每个公司在流程上都会有一些区别，但是换个视角看产品，是一种必备的技能。

·〔英〕贾尔斯·科尔伯恩:《简约至上：交互式设计四策略(第 2 版)》，李松峰译，人民邮电出版社 2018 年版。

推荐理由：如果实在没精力看书，只记住这四个字就够了——简约至上。但对不同国家、不同文化的不同用户群体来说，究竟什么才是“简约”？本书将给你答案。

后记

这不是一套传统意义上的图书，而是一次尝试联合读者、行业高手、审读团一起共创的出版实验。在这套书的策划出版过程中，我们得到了来自四面八方的支持和帮助，在此特别感谢。

感谢接受“前途丛书”前期调研的读者朋友：程海洋、戴愫、戴月、段淇瑞、范荣洲、黄智云、黄作敏、蒋建峰、康东亮、李佩英、罗玲、聂静、王海琳、王慧燃、王志方、邬清华、向绍雨、余昕桠、张娟、张鑫、赵晓萌、曾征、朱老师等。谢谢你们对“前途丛书”的建议，让我们能研发出更满足读者需求的产品。

感谢“前途丛书”的审读人：Tian、安夜、柏子仁、陈大锋、陈嘉旭、陈硕、程海洋、程钰舒、咚咚锵、樊强、郭卜兑、郭东奇、韩杨、何祥庆、侯颖、黄茂库、江彪、旷淇元、冷雪峰、李东衡、连瑞龙、刘昆、慕容喆、乔奇、石云升、宋耀杰、田礼君、汪清、徐杨、徐子陵、严童鞋、严雨、杨健、杨连培、尹博、于婷婷、于哲、张仕杰、郑善魁、朱哲明等。由于审读人多达上千位，篇幅所限，不能一一列举，在此致以最诚挚的谢意。谢谢你们认真审读和用心反馈，帮助我们完善了书里的点滴细节，让这套书以更好的姿态展现给广大读者。

感谢得到公司的同事：罗振宇、脱不花、宣明栋、罗小洁、张忱、陆晶靖、冯启娜、于偲鹏、陈英。谢谢你们在关键时刻提供方向性指引。

感谢接受本书采访的三位行业高手：快刀青衣、唐沐、邱岳。谢谢你们抽出宝贵的时间真诚分享，把自己多年来积累的经验倾囊相授，为这个行业未来的年轻人提供帮助。

最后感谢你，一直读到了这里。

有的人只是做着一份工作，有的人却找到了一生所爱的事业。祝愿读过这套书的你，能成为那个找到事业的人。

这套书是一个不断生长的知识工程，如果你有关于这套书的问题，或者你有其他希望了解的职业，欢迎你提出宝贵建议。欢迎通过邮箱（contribution@luojilab.com）与我们联系。

“前途丛书”编著团队

图书在版编目（CIP）数据

我能做产品经理吗 / 吕志超编著；快刀青衣，唐沐，邱岳口述 .-- 北京：新星出版社，2023.4
ISBN 978-7-5133-4966-6

Ⅰ. ①我… Ⅱ. ①吕… ②快… ③唐… ④邱… Ⅲ. ①企业管理 - 产品管理 - 通俗读物 Ⅳ. ① F273.2-49

中国版本图书馆 CIP 数据核字 (2022) 第 121215 号

我能做产品经理吗

吕志超 编著
快刀青衣 唐 沐 邱 岳 口述

责任编辑：白华召
总 策 划：白丽丽
策划编辑：张慧哲 丁丛丛
营销编辑：陈宵晗 chenxiaohan@luojilab.com
装帧设计：李一航
责任印制：李珊珊

出版发行：新星出版社
出 版 人：马汝军
社 址：北京市西城区车公庄大街丙 3 号楼 100044
网 址：www.newstarpress.com
电 话：010-88310888
传 真：010-65270449
法律顾问：北京市岳成律师事务所

读者服务：400-0526000 service@luojilab.com
邮购地址：北京市朝阳区温特莱中心 A 座 5 层 100025

印 刷：北京奇良海德印刷股份有限公司
开 本：787mm × 1092mm 1/32
印 张：8.125
字 数：150 千字
版 次：2023 年 4 月第一版 2023 年 4 月第一次印刷
书 号：ISBN 978-7-5133-4966-6
定 价：49.00 元